LES CRIMINELS
Dans l'art et la littérature

Traduit de l'Italien par Eugène Laurent.

Table des matières

Enrico Ferri, Les criminels dans l'art et la littérature (3ᵉ édition), 1908.

Préface de la deuxième édition

Enrico Ferri.
Rome, 25 mars 1902.

Le succès de ce petit volume auprès du grand public international qui lit les livres en langue française, m'avait donné la tentation de faire, pour cette nouvelle édition, l'analyse de plusieurs autres types de criminels que crée sans cesse l'art contemporain.

Mais, les exemples choisis pour la première édition me paraissent suffire amplement pour atteindre le but que je me suis proposé : démontrer et confirmer, par des exemples pris dans l'art, les données et les inductions de l'anthropologie et de la psychologie criminelles. L'opinion publique commence à envisager les criminels les plus célèbres comme des individus antisociaux et dangereux, dont la ségrégation et le traitement s'imposent, et non plus comme des individus doués seulement d'une volonté libre et méchante. On se persuade enfin que n'est pas criminel qui le veut ; malgré nos habitudes mentales, un revirement se produit dans notre conscience à l'égard des criminels, semblable à celui qui, au siècle dernier, sous l'effort généreux de Pinel, de Chiarugi, de Hack Tuke, se produisit en faveur des aliénés.

On pensait alors, selon l'expression employée en 1801 par le Dr Heinroth, que la folie était une faute morale de l'individu « qui avait voulu quitter la route de la vertu et perdre la crainte de Dieu ».

Maintenant, on conçoit clairement que la folie n'est pas un acte volontaire ; les chaînes et les cachots que l'on donnait dans les siècles passés aux aliénés, et que l'on donne encore maintenant aux criminels, sans pour cela corriger les condamnés ni protéger la société, ne seront plus qu'un souvenir d'autrefois.

L'art, à juste titre, a toujours eu cette fonction sociale de prévoir les directions nouvelles de la conscience humaine et de les populariser.

Les exemples donnés dans cet ouvrage, pour arriver à ce but, sont assez nombreux et assez typiques pour qu'il soit inutile d'en ajouter d'autres : on peut du reste en trouver dans les publications analogues qui ont suivi les premières éditions, italienne et française, de ce petit livre.

Mais il est une autre raison, et c'est à celle-là surtout que je cède : je crois toujours de plus en plus, et je l'ai déjà dit à la fin de ce livre, que l'on doit détourner l'attention et la sympathie publique des criminels, et les concentrer uniquement sur la foule des honnêtes gens qui souffrent et qu'on oublie.

Je conçois clairement que l'art, en tant qu'il est soumis à des nécessités économiques, ne peut, aussi librement qu'il le voudrait, se consacrer à cette humanité qui veut la lumière et la justice. Dans un spectacle comme dans un roman, dans un tableau comme dans une statue, le public rare et privilégié, qui goûte et qui achète, se refuse à ne rencontrer que les misères et les iniquités du présent ou les sombres prévisions de l'avenir.

Cette évolution de l'art est cependant inévitable ; car elle répond aux besoins de la foule désireuse d'une régénérescence esthétique planant au-dessus des banalités érotiques et des bizarreries vaines de la majeure partie des oeuvres contemporaines.

Il suffit donc de l'avoir affirmée comme conclusion de cet essai.

Enrico Ferri.
Rome, 25 mars 1902.

4

Enrico Ferri, Les criminels dans l'art et la littérature (3ᵉ édition), 1908.

Préface de la première édition

Au mois de mars 1892, je pris comme sujet de conférence, à Pise « Les criminels dans l'art et la littérature ».

D'aimables insistances m'ont obligé, depuis, à répéter ma conférence à Vérone, à Florence, à Livourne, à Volterra et enfin à Bruxelles, en un français téméraire, en décembre 1895.

De cette revue rapide des impressions, qu'en ma qualité de psychologue criminaliste, j'avais éprouvées à la lecture des romans ou à l'audition des pièces de théâtre, je ne pensai pas d'abord à tirer la matière d'un livre. Car j'aime mieux faire dix conférences ou prononcer dix plaidoiries qu'en écrire une seule. J'aime, après avoir étudié les grandes lignes d'un sujet, le compléter dans l'improvisation du discours et, grâce aux digressions suggestives, à l'excitation que provoque la présence d'un auditoire, le voir se dessiner, se colorier, s'animer, dans mon inévitable et invincible angoisse nerveuse - sous l'accueil glacial, ou sympathique, ou enivrant, du public.

Mais écrire, quand la délicieuse tourmente a passé et, dans un tranquille labeur, assis, où la pensée atteint rarement la haute température de la parole vivante, subir l'inchassable cauchemar d'apprêter aux lecteurs un « dîner réchauffé », remanier un sujet qui m'apparaît morne et froid, dans des conditions cérébrales si différentes : voilà l'effort vraiment pénible pour moi, voilà ce qui m'a fait tarder plus de trois ans à livrer à un éditeur mon ancienne conférence revue, retouchée..., et non améliorée. -Toutefois, si sa nouvelle forme littéraire, ce produit d'une fraude assurément innocente, lui vaut encore quelque succès, je serai l'obligé des lecteurs qui voudront bien relever les lacunes et les fautes de cet ouvrage ou me signaler d'autres personnifications artistiques de délinquants auxquels se puissent appliquer les données de l'anthropologie criminelle.

Car cette science positive consent à quitter parfois l'atmosphère grave des salles académiques pour aller se renouveler et se fortifier à l'air libre, au contact de toutes les formes réellement ou idéalement vivantes de la personnalité humaine.

Les criminels
dans l'art et la littérature

Introduction

L'art, ce reflet irisé de la vie ne pouvait, même dès ses premières et plus instinctives manifestations, négliger l'étude des innombrables métamorphoses du crime et de l'âme criminelle dans la société. Il ne pouvait ignorer le frisson passionnel qui, en présence d'un délit, soulève dans la foule une vague d'émotion, incessamment élargie et s'atténuant dans son ampleur - ou qui provoque dans une conscience d'artiste la représentation subjective des personnages mêlés aux drames de la fraude artificieuse ou de la violence sanguinaire.

Et l'art a été seul, longtemps, à tenter la figuration matérielle ou l'analyse psychologique du délinquant. - S'il a poursuivi parfois ce double but avec une intuition lucide et géniale de la vérité humaine, il s'est égaré souvent aussi dans l'expression conventionnelle d'un monde d'idées et de sentiments imaginaires, simples reflets de la conscience de l'artiste.

Sa mission solitaire dura jusqu'au jour où la science put projeter sur la douloureuse et dangereuse silhouette du criminel la pleine lumière de la méthode expérimentale, c'est-à-dire approuver ou redresser les créations artistiques en montrant leur correspondance plus ou moins exacte avec la réalité.

7

Car le crime, sous tous ses aspects, sous toutes ses formes, de la plus équivoque à la plus évidente, de la moins importante à la plus atroce, de la plus pardonnable à la plus ignoble, passe intégralement de la vie dans la science, qui le soumet au bistouri de l'anatomie physique ou morale et à la loupe de la sociologie, pour chercher ensuite, par induction, les remèdes positifs de l'hygiène et de la médecine sociales.

Dans l'art, au contraire, le crime n'est représenté que par ses incarnations les plus typiques et les moins ordinaires. Il est rare qu'un tempérament très original ou que les exigences du public à un moment donné poussent l'artiste à éviter les sentiers battus, l'éternelle répétition du crime et du criminel par amour - les moins fréquemment observables d'ailleurs, dans la vie réelle.

Enrico Ferri,
Les criminels dans l'art et la littérature (3ᵉ édition), 1908.

I.

Les microbes du monde criminel et l'art populaire.

Dans la vie, en effet, le tréfond de la criminalité est constitué par l'innombrable pullulement de ceux qu'on pourrait appeler les microbes du monde criminel. À l'instar des microbes du monde biologique, ceux-là passeraient inobservés et anonymes, et leurs apparitions, disparitions et réapparitions rapides sur la lentille opaque des audiences du tribunal de police ou entre les murs plus ou moins humides des cachots, ne laisseraient point de traces, si la statistique les oubliait. Mais des chiffres douloureux marquent l'importance symptomatique d'un état de pathologie sociale, que la conscience collective ressent à peine, par cela seul qu'il est devenu chronique.

En Italie, par exemple, dans l'espace de dix ans, de 1883 à 1892, les condamnations prononcées par l'ensemble des autorités judiciaires, pour crimes, délits ou contraventions, à des peines variant de l'amende au cachot perpétuel, ont atteint le chiffre énorme de 3.352.910.

C'est-à-dire que, même sans compter les récidivistes, dans ces dix années, un dixième de la population italienne (mille personnes par jour à peu près), a passé devant les tribunaux qui, suivant le mot de Prins, inspecteur général des prisons en Belgique « laissent tomber les condamnations sur les misérables comme un robinet laisse échapper l'eau, goutte à goutte ».

Or, sur ce total de 3.352.910 condamnations, les juges de paix (pretori) en ont prononcé 2.734.452. - Ces deux millions sept cent mille condamnés représentent les microbes du monde criminel, qui passent et repassent inaperçus, au milieu de l'inattention générale. C'est tout au plus si la physionomie paradoxale ou grotesque de quelques-uns d'entre eux inspire l'humorisme artistique des chroniqueurs et des caricaturistes. Mais une juste critique du formalisme judiciaire ne les oublie pas. La justice moderne obéit encore à l'idéalisme métaphysique des anciennes écoles ; elle sert encore à coller un article du Code pénal à un individu vivant, douloureux mannequin dont le juge ne connaît en réalité, ou par fiction légale, ni les conditions personnelles, ni la vie physique, intellectuelle et morale, et dont il ne sait plus rien après l'avoir marqué du sceau de la loi.

Cela est vrai partout et non pas seulement en Italie. Le ridicule et pharisaïque formalisme qui aboutit, en somme, à une absurde, coûteuse et dangereuse fabrique de récidivistes disparaîtra quand les salles des palais de justice ne seront plus empoisonnées par les émanations des traditions gothiques, cette moisissure tenace encore attachée à leurs parois. Déjà, dans ces salles, commence à circuler l'oxygène vivifiant et purificateur des inductions de la physiologie et de la psychologie individuelles ou sociales, incessamment épandues dans le monde scientifique moderne par la nouvelle école criminaliste positive.

En France, par exemple, les chiffres sont encore plus désastreux, même en accordant à sa population huit millions d'âmes de plus qu'à la population italienne. Les autorités judiciaires de tous degrés y ont prononcé 6.439.933 condamnations, pendant les dix années écoulées de 1879 à 1888. Là aussi, le menu fretin des prisons est le plus abondant dans la nasse policière, les juges de paix ayant prononcé, pendant ces mêmes dix années, à peu près quatre millions et demi de condamnations (4.404.808).

Et si la proportion semble moindre, quand on compare ce chiffre à celui des individus condamnés par nos pretori, c'est que ces derniers ont, chez nous, une compétence plus étendue que celle des juges de paix en France.

Or, ce n'est certes pas de la grisaille des menus délits quotidiens que saillent les physionomies monstrueuses ou folles et parfois géniales qui, rendues populaires et minutieusement décrites par la presse quotidienne et la chronique judiciaire, sont définitivement fixées par la fantaisie d'un artiste dans un drame, un roman ou un mélodrame.

Les crimes atrocement ou sentimentalement raffinés et destinés à l'immortalité du grand art, sont exploités d'abord par l'art populaire dans ses plus caractéristiques manifestations. Certaines de ces manifestations, les drames des théâtres populaires, par exemple, parviennent à vivre au contact de la civilisation ; d'autres, chassées des centres urbains par la presse quotidienne et le journal illustré s'en vont, rares et pâles ébauches, émerveiller de naïfs et rustiques spectateurs. Sous forme de pancartes multicolores, que commente un chanteur ambulant, elles représentent dans les villages lointains les derniers exemplaires d'une faune artistique presque entièrement disparue : de même, au centre de l'Afrique, Stanley a remarqué l'importation récente des fusils à pierre que les peuples soi-disant policés ont remplacés déjà par des armes plus efficacement fratricides.

Qui de nous ne se souvient d'avoir vu, à la foire ou dans quelque marché de village, des piquets ornés de grands cartons peints dans lesquels six ou huit carrés, remplis de figures énergiquement expressives et richement coloriées, illustraient les épisodes les plus saillants d'un drame criminel ? Ce drame, un artiste forain le disait, en prose, d'abord, et puis sur une mélopée soutenue par de plaintifs instruments de musique.

Le massacre de la famille King, par le fameux Troppmann, a formé, il y a une vingtaine d'années, le sujet d'un grand nombre de ces chansons : mais en général, ce sont des récits d'abandons ou de trahisons d'amour, des histoires où la passion aboutit à l'homicide. Au premier tableau « l'aimable jeune homme rencontre une belle fille et s'enflamme d'amour » au dernier, contraste émouvant et prévu, le jeune homme « trahi par l'infidèle, se venge en la tuant à coups de poignard ».

Le journal s'est substitué aux complaintes à un sou par sa minutieuse chronique de la ville et des tribunaux et surtout par son feuilleton. Ces romans des journaux ne sont neuf fois sur dix, qu'une broderie fantaisiste sur un canevas banal de crimes enchevêtrés. Devenus une spécialité commerciale de la littérature française, grâce aux Ponson du Terrail, aux Gaboriau, aux Zaccone, aux Montépin,

11

etc., ils fournissent partout aux scènes populaires les sujets de leurs spectacles à sensation.

Sans doute, le public plus instruit ou plus blasé des villes ne prend plus, au théâtre, fait et cause en faveur des victimes, contre leurs tyrans et leurs persécuteurs ; mais les drames judiciaires sont encore tout-puissants sur l'imagination et sur les sentiments du peuple, et c'est à peine s'il commence à leur préférer les oeuvres inspirées par la brûlante question sociale actuelle.

Cette évolution sera un progrès, car c'est certes une triste éducation que, depuis tant d'années, le théâtre et le journal donnent au peuple, en racontant, en exaltant même, indirectement, les plus atroces méfaits : en leur faisant les honneurs de correspondances télégraphiques et des descriptions les plus minutieuses. Cette constante excitation de la curiosité publique ravive, par une suggestion inconsciente, les souvenirs héréditaires des instincts criminels, à peine recouverts du léger vernis d'une civilisation encore tout imprégnée de violences individuelles et collectives. Et cependant, les vertus les plus sublimes, les sacrifices les plus constants, les privations les plus atroces, demeurent ignorées du grand public, et passent, parmi l'inattention générale ou excitant à peine un mouvement de pitié, devant le rapide kaléidoscope de la presse quotidienne. Et c'est en vain que la protestation suprême du suicide et les morts par inanition sur les trottoirs des grandes villes soufflettent de temps en temps l'insolente et insouciante corruption de la société soi-disant civilisée.

12

Enrico Ferri,
Les criminels dans l'art et la littérature (3e édition), 1908.

II.

Les types psycho-anthropologiques de l'homme criminel

Jusqu'à ces derniers temps, les criminalistes n'étudiaient pas le criminel : ils concentraient toute leur attention et tout l'effort de leurs syllogismes sur l'étude du crime - qu'ils considéraient, non pas comme l'épisode révélateur d'un mode d'existence, mais simplement comme une infraction aux lois. Ils ne voyaient dans le délit que sa surface juridique et ne songeaient pas à en rechercher les racines profondes dans le terrain pathologique de la dégénérescence individuelle et sociale.

L'art seul, plus rapproché de la réalité, plus directement inspiré par elle, avait tenté, dans les éloquents plaidoyers des Cours d'assises, dans le drame passionnel, dans le roman, l'analyse humaine du crime. Aussi a-t-il souvent devancé, surtout au point de vue psychologique - et parfois avec la claire vision du génie -les données de l'anthropologie criminelle, cette science que les travaux de M. C. Lombroso et de l'école positiviste ont créée depuis vingt ans à peine en Italie, et qui se propose l'étude de la constitution physique et psychique du délinquant.

13

Notre but est de montrer, chez des personnages immortalisés par l'art, jusqu'à quel point l'intuition artistique a su prévoir ou suivre les notions si péniblement acquises par l'expérience scientifique, sur la nature véritable des crimes et des criminels. - Car, rejetant les doctrines classiques, issues d'une observation fantaisiste ou conventionnelle de la réalité, la science nouvelle du crime s'appuie sur des expériences directes et positives : aussi dirigera-t-elle sûrement notre critique psychologique des criminels peints par les artistes .

La jurisprudence classique, de C. Beccaria à F. Carrara, s'est occupée exclusivement des crimes : elle laissait leurs auteurs dans l'ombre, leur attribuant un type unique et moyen d'homme comme tous les autres, sauf quand elle se trouvait en présence de circonstances évidemment anormales, telles que l'idiotie, la surdité, et le mutisme congénitaux, la folie manifeste ou l'alcoolisme extrême. Aujourd'hui encore, en dehors des anomalies prévues par la loi, les juges ne veulent ou ne savent pas voir, dans leurs inculpés, des hommes différant des autres par certaines conditions physiques ou psychiques plus ou moins apparentes. - Leur seule préoccupation est de trouver l'article du Code le mieux approprié, non pas au prévenu, mais à la faute qu'il a commise. Ils soumettent, il est vrai, au diagnostic des aliénistes les auteurs de crimes étranges, atroces, relativement rares, mais ils décident seuls pour tous les autres. Et dans la foule anonyme, c'est tout au plus si, pour tranquilliser leur conscience, ils appliquent les habituelles, impersonnelles circonstances atténuantes, quand s'impose en toute évidence le motif humain du délit : la misère qui a poussé au vol le va-nu-pieds champêtre, les instincts débridés du violent dont l'éducation est fausse ou nulle, la faim, la mauvaise conseillère des malheureux sans ressources qu'elle excite à la révolte ou l'inévitable obscénité qui grouille dans les bas-fonds navrants du monde des misérables.

L'atténuation de la peine, qui semble alors un acte de justice, n'est, au contraire, qu'un éclatant témoignage de l'injustice des tribunaux. Elle dévoile l'ignorance des douloureuses conditions qui amènent un homme sur le banc des imputés pour des infractions aux lois, dont la persistance chronique et les formes particulières qu'elles affectent selon l'individu, le pays ou le moment, prouvent leur conformité à la vie sociale actuelle. Cette conformité est si grande, que l'art dédaigne de retracer leurs contours estompés et monotones.

Par contre, la science positive se préoccupe peu des distinctions nominales, trop souvent arbitraires et inutiles entre crimes et délits. Ainsi, par exemple, celles que l'on a établies entre les divers crimes contre la propriété meuble profitent aux voleurs d'importance en leur permettant d'éviter le Code pénal, si sévère aux moindres coupables. Et cependant, quand ils ne sont pas accompagnés de violences, ces crimes, quel que soit leur nom juridique, sont pareils malgré leurs formes diverses : ce sont tous des appropriations plus ou moins directes du bien d'autrui.

La science actuelle s'efforce de mettre en relief les caractères qui différencient les criminels entre eux, et d'exprimer leur individualité physique et psychique dans le milieu ambiant particulier à chacun d'eux ; elle substitue enfin au type classique, unique et incolore, différentes physionomies de délinquants.

Il y a longtemps déjà, je les ai toutes ramenées à cinq types principaux : le criminel-né, le criminel-fou, le criminel par habitude acquise, le criminel par passion et le criminel par occasion - et ma classification bio-sociologique est adoptée aujourd'hui par presque tous les savants.

Ces types caractéristiques vont d'une plus grande à une moindre anomalie ; c'est-à-dire qu'on les rencontre plus ou moins fréquemment au milieu de cette médiocrité terne - moins nombreuse toutefois dans le monde du crime que dans celui des honnêtes gens - qui est le choeur anonyme et impersonnel du drame social quotidien [1].

Les délinquants auxquels je donnai, en 1881, le nom de criminels-nés sont les victimes de conditions de dégénérescence héréditaire, d'anomalies pathologiques (névrose criminelle) qui ne se bornent pas à une infériorité biologique - idiotie, folie, suicide, etc. - mais qui, sous la pression du milieu, se transforment en une force antisociale et agressive.

Cette figure humaine avait été confusément entrevue par l'intuition populaire ; mais elle n'avait pas été précisée, jusqu'à nos jours ; elle est encore niée avec acharnement, malgré les douloureuses révélations de l'anthropologie criminelle, grâce à l'influence du spiritualisme traditionnel et superficiel. - C'est que la science actuelle se heurte aux idées préconçues de la science classique. Ses vues ont beau correspondre à la réalité de l'expérience quotidienne, elles ne peuvent

---

[1] Ferri, Anthropologie et droit pénal, publié dans les Archives de psychiatrie et d'anthropologie criminelle, Turin, 1881. -Ferri, Sociologie criminelle (3e édit., Paris, A. Rousseau, édit., 1892, chap. 1). - Bonanno, La classification des criminels et le criminel par passion, dans les Archives de psychiatrie, Turin, 1895, t. XVI, p. 364 ; voir aussi son volume sur le criminel par passion, Turin, 1896.

pas se dessiner nettement sur les lentilles opaques du sens commun, dans le brouillard des habitudes mentales.

Le public, grâce aux chroniques judiciaires et aux ouvrages de propagande scientifique, connaît maintenant le type psycho-anthropologique du criminel-né. Mais il le considère toujours comme un être froidement féroce, et c'est une erreur. Le criminel-né peut être un assassin tranquillement sauvage, un dépravé violemment brutal, un raffiné de l'obscène par suite d'une perversion sexuelle provenant de sa défectueuse organisation physique, il peut aussi être un voleur ou un faussaire. La répugnance à s'emparer du bien d'autrui, cet instinct lentement développé par la vie sociale dans la collectivité, lui manque presque absolument : mais il n'est pas assez intelligent pour substituer à la naïve, évidente soustraction d'un portefeuille une spoliation habile, civilisée et impunie, telle que les artifices des entreprises pseudo-commerciales, des spéculations sur les valeurs, des jeux de Bourse, etc.

Voltaire annonça un jour qu'il allait raconter l'histoire d'un voleur célèbre : « Il y avait autrefois un banquier », dit-il, et, comme on lui demandait la suite de son récit, il répondit : « Mais... c'est fini ».

Le criminel-né est parfois doué d'une intelligence supérieure à celle de la plupart de ses congénères. Il peut se montrer même, dans un certain ordre de manifestations intellectuelles, supérieur à la moyenne de l'humanité. Dans ce cas, il n'enfreint aucun article du Code tout en demeurant un homme immoral, ou plutôt « a-moral » un être anti-social, une de ces créatures que Dumas fils, dans une comédie célèbre, appelle les vibrions de la société : très habiles à voler le bien d'autrui sans toucher à sa bourse, de même qu'à tuer sans manier le couteau ou le révolver.

Le type du criminel-né ayant été tout récemment mis en pleine lumière par la science, il est bien naturel qu'on ne le rencontre pas souvent dans les oeuvres d'art.

Il fallait, pour le concevoir avant la définition exacte qu'en a donné M. Césare Lombroso, le génie d'un Shakespeare (nous le retrouverons tantôt dans son admirable théâtre) ou celui d'un Dostoïewsky, le merveilleux observateur des forçats sibériens, ou le talent d'un Eugène Sue, le peintre habile des bas-fonds de Paris. Mais aujourd'hui, il est entré dans le domaine de l'art contemporain, grâce à un grand nombre d'ouvrages, et surtout à ceux de M. E. Zola, inspirés par l'anthropologie criminelle.

16

Outre les stygmates physiques très apparents, surtout dans la physionomie, on observe chez ces sortes de criminels une absence complète ou une atrophie congénitale du sens moral -cette force dirigeante qui détermine la conduite de l'individu vis-à-vis de la société.

Ce sens est, en partie, le résultat de l'expérience acquise dans la concurrence sociale ; il a surtout pour caractère d'être héréditaire. Or, cette hérédité, cet instinct est annulé par un état pathologique reconnaissable à une névrose voisine de l'épilepsie chez les criminels-nés, qui sont tous moralement fous.

Leur folie morale ne détruit pas leur intelligence qui est souvent même, par une compensation de la nature, supérieure à la moyenne de la classe sociale à laquelle ils appartiennent. Car on peut avoir des sentiments altruistes très développés et une intelligence très médiocre, et on peut aussi être dénué de sens moral tout en possédant des facultés intellectuelles imparfaitement équilibrées sans doute, mais très subtiles, très lucides, très puissantes pour le mal, grâce à l'absence des freins, des scrupules, des obstacles qui retiennent l'honnête homme. Ces freins, d'ailleurs, constituent malheureusement une faiblesse plutôt qu'une force dans notre système économique de concurrence libre, c'est-à-dire d'anthropophagie déguisée et indirecte. Dante disait avec raison :

« Quand la force du raisonnement s'ajoute au mauvais vouloir et à la puissance, il est impossible de leur résister. »

Non seulement le criminel-né est souvent doué d'une intelligence supérieure, surtout lorsqu'il est porté à la fraude plutôt qu'à la violence, mais ses sentiments mêmes, en dehors du sens moral, peuvent être presque normaux. Bien plus : si, les manifestations sentimentales purement égoïstes, le désir de vengeance, la cupidité, la vanité, par exemple, sont, toujours, exaspérés chez lui par l'insensibilité morale ; cependant il n'ignore pas toujours les sentiments égo-altruistes : les affections de famille, les accès de prodigalité, de loyauté ou de justice..., quand il peut se montrer juste sans léser son moi hypertrophié.

J'ai eu l'occasion de démontrer, dans une étude psychologique de l'homicide-né [2], que l'apparente régularité de son intelligence et de ses

---

[2]   L'homicide dans l'anthropologie criminelle (homicide-né et homicide-fou), avec un Atlas de statistique anthropologique, Turin, Bocca, édit. 1895, pages 312 à 540.

sentiments peut voiler si complètement sa profonde insensibilité morale, que son véritable caractère échappe à ceux qui ignorent la psychologie expérimentale.

Il est, d'ailleurs, tout aussi difficile de saisir les traits physiques qui le caractérisent, à moins d'avoir longuement appliqué les données de l'anthropologie physionomique dans la vie usuelle et parmi les habitués des cachots et des cabanons.

Le type du criminel-fou est plus facile à reconnaître, du moins dans certaines de ses variétés, plus rares qu'on ne le suppose généralement, mais plus évidentes même à des yeux inexercés.

En réalité, s'il y a souvent dans tout homme normal un petit grain de folie, la pathologie morale est toujours accompagnée d'un déséquilibre mental plus ou moins grand, selon le degré d'anomalie, chez les êtres anormaux. Car le crime et la folie sont deux branches du tronc unique de la dégénérescence humaine, d'où proviennent encore la tendance innée au suicide et à la prostitution, et toutes les formes et tous les degrés des névroses et des psychoses.

Mais on désigne particulièrement du nom de criminel-fou l'homme chez qui la névrose criminelle s'allie à une variété d'aliénation mentale exactement définie par les tableaux cliniques, malheureusement de plus en plus complets, de la psychopathologie.

On peut distinguer deux genres principaux de criminels-fous en se plaçant, comme nous le faisons, au point de vue de l'impression qu'ils produisent sur la conscience du vulgaire et sur celle des artistes.

Quand on parle de folie, le vulgaire imagine un être tourmenté par un délire violent, incohérent, se traduisant en actes et en paroles, on bien un individu plongé dans une stupéfaction inconsciente et idiote. - Le public des assises et des tribunaux et la plupart des magistrats voudraient constater l'une ou l'autre de ces formes classiques et simples de l'aliénation mentale, avant d'admettre la folie d'un criminel : mais l'aliénation évidente et complète est relativement rare dans l'infinie variété des manifestations et des déviations biologiques.

Aussi, le second genre de folie criminelle est-il plus difficile à préciser, presque insaisissable sous la multiplicité de ses formes.

La folie, comme le crime, suit une évolution parallèle à celle de la société et devient incessamment moins brutale et plus intellectuelle.

18

Or, ceux qui sont, à leur insu, malades d'une aliénation mentale et morale peu apparente, d'une déviation ou d'une absence à peine perceptibles de certaines facultés intellectuelles, sont trop souvent traités en coupables et en pervers par leur famille et surtout par l'opinion publique et par les magistrats. C'est qu'ils ne diffèrent pas très sensiblement de la moyenne de l'humanité et qu'il faut, pour rattacher leurs actions immorales ou criminelles à leur véritable cause, posséder des notions assez rares de pathologie psychologique.

C'est tantôt le désordre des facultés intellectuelles et tantôt celui des tendances morales qui prévaut chez le criminel-fou. Dans ce dernier cas se vérifie ce que M. Verga, dans le procès Agnoletti, a appelé d'un mot peu suggestif, mais exact : « la folie raisonnante ». - C'est que réellement alors le raisonnement et la logique formelle sont réguliers en apparence, malgré la maladie profonde des sentiments et des passions.

Il est naturel que les artistes ne se soient pas beaucoup occupés du criminel-fou.

Car, d'une part, la maladie des fous lucides, cette forme congénitale et plus ou moins complète de dégénérescence, n'a pu être étudiée et exactement définie que tout dernièrement, grâce aux beaux travaux de Morel sur la dégénérescence humaine. Il était impossible aux artistes de démêler un intime désordre pathologique sous des traits extérieurs presque normaux, quand ils n'avaient encore, pour les guider, que les lumières du sens commun, - et l'éloquence de l'art a dû nécessairement négliger d'exploiter ce contraste spasmodique de l'âme humaine.

Et, d'autre part, quant à la variété des criminels évidemment fous, ils ne pouvaient pas paraître artistiquement intéressants à une époque de foi spiritualiste. Car, lorsqu'on admet le libre arbitre, on peut bien considérer la folie comme une maladie et un malheur (cette vérité est généralement reconnue depuis une centaine d'années) mais on considère le crime comme « une faute ». De sorte que, pour le public, le criminel-fou est une vivante antinomie : s'il est fou, dit-on, il n'est pas coupable et ce point de vue paralyse presque toujours la création artistique.

Aussi, dans les oeuvres d'art, le criminel-fou est assez rare, et, à l'exception d'Hamlet, assez peu significatif. Son type échappe à l'oeil préoccupé de l'artiste ou lui apparaît sous les traits d'un personnage conventionnel et pitoyable, idiot, inconscient qui, dans le tissu

19

fantaisiste du roman ou du drame, accomplit un acte extraordinaire ou providentiel.

L'art dédaigne aussi de peindre le criminel par habitude acquise, et on ne le rencontre que dans les romans et les drames spécialement destinés à décrire les bas-fonds de la société.

C'est qu'en effet ce criminel est essentiellement anti-esthétique. Son éducation néfaste a commencé de bonne heure. Des parents misérables l'ont abandonné, ou excité à la débauche, ou livré à des entrepreneurs plus misérables encore qui ont vécu du produit de sa mendicité, et l'armée d'alcooliques, de voleurs, d'assassins, de souteneurs que recèle toute grande ville a fini par racoler cette misérable recrue.

Depuis lors, le malheureux a connu les journées de prison, coûteuses et malfaisantes, et la surveillance de la police, cette persécution fatale ou inefficace - et il a vécu, ce « naufragé de la société » produit de la dégénérescence sociale plutôt que de la pathologie individuelle - dans une continuelle et nauséabonde alternative de délits médiocres et de récidives irréparables.

Comme ce criminel s'abandonne rarement à un excès d'obscénité ou de barbarie qui attire sur lui l'attention du public, la fange où il grouille, dans les plus grandes villes, est dédaignée par les artistes, à moins qu'ils ne cherchent, justement dans le monde de la basse criminalité, le sujet d'une étude directe ou le cadre vrai pour un Rocambole romanesque et conventionnel.

Les deux autres types criminels - le criminel par passion et le criminel par occasion - fournissent au contraire à l'art des sujets exploités jusqu'à la banalité des répétitions faites « de chic ». Ils ont même tenu longtemps la corde en littérature.

C'est que les criminels intéressent malheureusement plus que les honnêtes gens. La description d'une vie normale nous semble aisément insipide et, d'autre part, un instinct profond de conservation nous fait préférer connaître les traits caractéristiques du criminel redoutable, plutôt que ceux de l'honnête homme dont nous n'avons rien à craindre. Ne voit-on pas les ministres prodiguer leurs bonnes grâces et leurs flatteries aux députés d'opposition bien plus qu'aux brebis fidèles du troupeau gouvernemental ?

Cependant, aujourd'hui, l'art littéraire ne s'occupe plus uniquement du crime et de ses conséquences. S'il continue à décrire des monstres, des fous, des détraqués, des pervertis, il tend aussi à rendre intéressante la foule des honnêtes gens, la légion douloureuse qui plie depuis des siècles sous le joug brutal de la misère.

Le criminel par occasion, qui a été souvent, mais superficiellement étudié par les artistes, présente, certes, des anomalies organiques et psychiques, mais moins graves et moins nombreuses que celles des autres criminels. Notons d'ailleurs que l'homme parfaitement normal n'existe ni dans l'ordre physiologique ni dans l'ordre psychologique.

Les portraits d'adultères plus ou moins professionnels, de faussaires circonspects ou non, de violents, de joueurs malhonnêtes, de calomniateurs adroits abondent, il est vrai, dans les romans et les comédies aux fables aussi peu variées que les physionomies de leurs héros : mais, à de rares exceptions près, ils manquent de relief. Il n'y a pas, dans le criminel par occasion, de contrastes psychologiques suffisants pour déterminer une analyse artistique profondément minutieuse et suggestive. Il appartient, en effet, à la nombreuse médiocrité du monde anti-social. Indécis entre le vice et la vertu, il va de l'une à l'autre suivant les moindres poussées de son milieu, et sa moralité incertaine est incapable de résister au mordant des tentations. C'est pour lui que semble faite l'hypothèse fameuse de J,-J. Rousseau : « S'il suffisait, pour devenir le riche héritier d'un mandarin qu'on n'aurait jamais vu, dont on n'aurait jamais entendu parler, et qui habiterait le fin fond de la Chine, de pousser un bouton pour le faire mourir, qui de nous ne pousserait ce bouton ? »...

L'art, qui vit de la représentation des sentiments, n'a jamais négligé l'étude des criminels par passion. Les artistes ont noté avec une émotion sympathique des contrastes frappants et d'ailleurs relativement faciles à saisir entre le crime atroce et la passion fatale, souvent excusable, non ignoble ou même sublime qui, dans une orageuse fièvre psychologique, pousse au crime une créature humaine et détruit une moralité solide ou assez rapprochée de la solidité moyenne. Et notre attention, naturellement aiguisée par la secrète conviction que nous agirions de même en des circonstances pareilles, offre sans cesse de nouveaux aliments aux inspirations multiples de l'art. C'est pourquoi des pinceaux de maîtres ont trop souvent recouvert de couleurs admirables le crime par passion ... qui n'en demeure pas moins un crime, quand tout est dit.

21

Il n'y a presque rien d'anormal dans l'homme qui devient assassin par amour, surtout quand il attente tout de suite à sa propre vie, ni dans l'infanticide causé par l'abandon du séducteur, dans la jalousie justifiée s'exaspérant jusqu'au meurtre, dans la révolte ouverte contre une société indulgente aux riches coquins et sans entrailles pour les martyrs anonymes du travail quotidien et forcé, - dans l'homme qui venge l'honneur de la famille ou l'amour filial atrocement offensés. Une faible anomalie suffit à produire ces crimes : une sensibilité, une impulsivité trop grandes provenant d'une irritabilité excessive du système nerveux. Car l'homme véritablement équilibré n'arrive à la violence fratricide que dans l'inévitable nécessité de se défendre : cet homme peut être un pseudo-criminel, jamais un véritable criminel.

Le criminel par passion est, le plus souvent, en pleine jeunesse, à l'âge où les passions dominent. Il a mené une vie régulière et irréprochable ; il est d'un caractère paisible - le vinaigre fait d'un vin doux est le plus fort, dit un proverbe toscan. Sa sentimentalité rêveuse et romanesque n'a rien de la prose du type humain contemporain. Il a un idéal : il ne végète pas simplement ; comme végète le commun des hommes, dans le servage séculier de la glèbe ou de l'usine, ou bien dans la bureaucratique et morne tranquillité d'une vie misérablement paisible, ou dans une incessante chasse à l'argent, parmi les surprises du commerce et de la spéculation et dans la crainte fiévreuse des coups de la fortune. Ses passions, belles fleurs vénéneuses, attirent le regard de la foule dans la chronique quotidienne et elles inspirent la méditation créatrice du poète. Même, chez celui-ci, grâce à une ressemblance de tempérament - documentée par le chiffre élevé des délinquants artistes - l'affinité élective est plus forte avec les criminels par passion. - Cette affinité, tous les poètes l'ont reconnue et si, d'une part, Lucrèce, le grand naturaliste, l'a exprimée dans le fameux « homo sum et nihil humani a me alienum puto », le chantre efféminé de Didon l'a implicitement admise dans le non moins fameux :

« Non ignara mali miseris succurrere disco. »

Enrico Ferri,
Les criminels dans l'art et la littérature (3ᵉ édition), 1908.

III.

Les criminels dans les arts décoratifs.

Nous avons passé en revue, en suivant les plus récentes indications de la science, les traits caractéristiques des différentes sortes de criminels. Comparons maintenant ces physionomies aux portraits bien connus qu'en ont tracé des artistes sous la seule direction de leur génie.

Nous verrons tout d'abord que les artistes supérieurs ont toujours saisi les caractères principaux des types criminels. C'est que l'art, en effet, ne s'est jamais beaucoup éloigné de la réalité. Il ne l'a pas même entièrement méconnue aux époques où l'idéalisme ascétique et philosophique hypnotisait les regards, parfois jusqu'au délire de l'idée fixe dans la contemplation d'un monde subjectif, royaume idéal de la justice et de l'amour.

Tout récemment, la science a pu préciser et compléter les lignes de la physionomie physique et psychique de l'homme criminel : mais ses observations les plus décisives, les vérités les plus cachées par l'apparence, ont été souvent prévues par des artistes.

23

Ainsi, par exemple, les traits de la race mauresque ont été artistiquement rappelés par Bernini dans les statues qui ornent la Fontana Agonale, à Rome, et par Tacca, dans les Mores du monument élevé à l'archiduc Ferdinand 1er, à Livourne : mais ces chefs-d'oeuvre de la sculpture n'ont pas la précision photographique de la science.

De même aussi Charcot reconnaissait les stygmates et les poses caractéristiques des malades atteints d'hystérie grave ou d'hystéro-épilepsie dans les difformes et les possédés des grands peintres ; par exemple, dans la jeune possédée de la Transfiguration de Raphaël [3].

L'art, cette étincelle instantanée du génie individuel, et le proverbe, cette incrustation séculaire du génie collectif, ont presque toujours maintenu les droits de la réalité. En ce qui concerne les criminels et leurs caractères physiologiques et psychiques, ils ont opposé des données positives aux aberrations d'une métaphysique confuse, trop complètement et trop longuement oublieuse, en philosophie, en pédagogie - en théorie et dans la pratique - de la base matérielle, inséparable de la force et de l'idée [4].

En second lieu, ce qui frappe, même dans une revue rapide du musée artistique des types criminels, c'est leur plus grande fréquence dans les arts descriptifs, - littérature ou drame, - que dans les arts décoratifs, - peinture et sculpture .

On peut affirmer que sur cent tableaux (et la proportion est encore moindre pour les statues), il n'y en a pas plus d'un ou de deux ayant un criminel pour sujet principal ou pour figure de second plan ; tandis que sur cent drames ou comédies (la proportion est encore plus forte pour les romans), il n'en est pas moins de quatre-vingt-dix dont la fable ne contienne un ou plusieurs crimes.

On peut ramener à deux principales les causes diverses de ce fait. La première, c'est que le pinceau et le ciseau se refusent à immobiliser un acte aussi répugnant que le crime, et que, d'ailleurs, nos artistes, contraints de se plier au goût du public ou du moins à celui de leurs

---

[3]   Charcot, Les démoniaques dans l'art, Paris, 1887. Voir aussi Tebaldi, Déviations de la physionomie et de l'expression, et, en appendice : De l'expression du délire dans l'art, Padoue, 1884, et les autres auteurs cités dans mon étude illustrée de la physionomie de l'homicide (Homicide dans l'anthropologie criminelle, Turin, 1895, ch. III).

[4]   Lombroso, Le crime dans la conscience populaire (Archives de psychiatrie, III, 4), cite beaucoup de proverbes, expressions de l'expérience séculaire sur les physionomies ; ces proverbes sont d'accord avec les données de l'anthropologie criminelle.

clients probables, choisissent des sujets de tableaux ou de statues susceptibles de plaire à la mondaine, au commerçant enrichi à l'aristocrate de race. Or, l'image du crime est bannie des boudoirs élégants et des salles à manger princières où elle pourrait glacer les sourires dans l'escrime d'amour et gâter des digestions déjà laborieuses.

Seuls, les musées nous offrent quelques exemplaires de cet art douloureux : il y a au Louvre un tableau de Proudhon représentant : « L'assassin poursuivi par la vengeance de la justice » et le musée Wiertz, à Bruxelles, possède les oeuvres d'un artiste génial et déséquilibré, peintre de guillotinés et de suicidés.

Et, en second lieu, si la peinture, et, à plus forte raison, la sculpture, évitent la figuration du criminel, c'est que l'une et l'autre, surtout la sculpture à cause du nombre toujours restreint des corps modelés, ne peuvent immobiliser qu'un moment de la vie d'une ou de plusieurs personnes : l'instantanéité d'expression s'oppose à la représentation esthétique du crime. Car, s'il nous intéresse et nous émeut, c'est surtout par la description évolutive et suggestive des divers moments psychologiques de la préméditation, laquelle cependant n'est pas un symptôme infaillible de perversité plus grande mais prouve aussi parfois une résistance du sens moral entre la première idée du crime et son épilogue sanglant ou frauduleux. Cette première, idée peut naître tout d'un coup, dans un éclair de pensée, puis lentement, envahir et occuper toute une conscience ; elle peut aussi, sous l'apparence d'un désir nouveau, provenir du foyer douteux d'un instinct héréditaire, développé et mûri par un milieu propice.

Or, l'analyse du roman ou la synthèse du drame, les arts descriptifs enfin, peuvent seuls nous montrer cette série d'états d'âme : voilà pourquoi les types criminels sont plus rares dans les arts décoratifs. Mais on les y rencontre parfois, et sous leurs traits caractéristiques, présentant les stygmates physiogno-moniques invisibles à l'œil distrait de l'observateur superficiel. Ces traits, ces stygmates, sont difficiles à apercevoir : aussi la foule continue-t-elle à les nier, par habitude mentale, malgré les affirmations positives de l'anthropologie criminelle : mais ils n'ont pas échappé à la clairvoyance de beaucoup de peintres et à l'observation traditionnelle du proverbe, cette révélation presque inconsciente et séculaire de vérités très récemment acquises à la science.

Un anthropologue distingué, le jeune docteur Édouard Lefort a même publié, sous ce titre : « Le type criminel d'après les savants et les artistes » (Lyon, 1892), une monographie où figurent 109 portraits et que déjà une étude du même genre avait précédée : « Iconographie des Césars, par Edmond Mayor » (Rome, 1885).

M. Mayor a observé chez tous les Césars une distance anormale des yeux à la naissance du nez, et chez les plus violents d'entre eux - surtout dans les physionomies de Caligula et de Néron - la plupart des stygmates du type criminel.

Voici comment il les décrit : « Caligula : Buste révélateur, indiquant tous les mauvais instincts. Mâchoires énormes, asymétriques. Oreilles à anse. Figure de travers, expression sardonique et cruelle. La lèvre supérieure se relève d'un côté, comme celle d'une bête prête à mordre ». - Darwin avait déjà signalé, comme un trait d'atavisme, la lèvre relevée au-dessus des canines, et je l'ai remarquée chez beaucoup d'homicides.

« Buste de Néron, aux Uffizi de Florence : Expression égarée, les angles de la bouche profonds et tombants. Point d'asymétrie. Les oreilles sont légèrement à anse. L'aspect est brutal ; la mâchoire énorme, monstrueuse. »

Cependant la statuaire ne se prête pas beaucoup à ce genre de recherches : on n'y trouve presque point de sujets d'études en dehors des têtes grecques de Furies ou de Méduses, et du Caïn de Dupré, parmi les oeuvres modernes. Car on ne peut considérer comme de véritables objets d'art les statuettes de criminels fameux d'un grand musée de Londres et du musée Grévin à Paris, consacrés à toutes les célébrités de l'histoire contemporaine.

La peinture nous offre, par contre, des documents plus nombreux et plus suggestifs.

M. Lefort remarque en effet, dans beaucoup de chefs-d'œuvre des écoles italienne, flamande, espagnole et française les traits caractéristiques du type criminel. On retrouve leurs physionomies répugnantes ou brutales, leur tête grossière et obtuse, leur figure asymétrique, leurs yeux petits et méchants, leurs mâchoires énormes et carrées, leur front bas et fuyant, les arcades sourcilières et les pommettes saillantes, les oreilles à anse ou pointues (reproduisant le lobule de Darwin), les cheveux abondants et durs, la barbe rare ou absente dans les tableaux où figurent des violents, des homicides, des bourreaux, des damnés. La légende de Caïn et Abel, par exemple, ou celle de Judith et Holopherne, le massacre des Innocents, le crucifiement de Jésus, les martyres des premiers chrétiens, les

Jugements derniers, depuis celui de l'Orgagna, au Camposanto de Pise, jusqu'à celui de Michel-Ange, à la chapelle Sixtine.

Les tableaux de Goya, peintre espagnol du XVIIIe siècle représentent souvent des brigands et des voleurs de grand chemin soumis à la peine du garrot, l'anneau de fer qui, serré par une vis, entoure le cou du condamné et l'étrangle d'une façon horrible. Ce mode d'exécution capitale est encore en vigueur en Espagne, où il remplace, depuis un temps immémorial, la guillotine française, la potence anglaise et la chaise électrique des Américains du Nord.

« Un brigand exécuté a le front fuyant, les rebords orbitaires très accusés. Les lignes des yeux tombent presque verticalement en bas ; le nez est droit, écrasé, le menton n'est pas distinct de la mâchoire inférieure, très développée » (Lefort, p. 64). Voilà presque tous les stygmates de l'assassin, tels que je les ai notés et commentés à l'aide d'un atlas contenant trente-six photographies de meurtriers dans mon Homicide (Turin, 1895, 1re partie, 3e chap.).

En France, Proudhon (XVIIIe siècle), a représenté « l'Allégorie de la justice » devant laquelle on amène un criminel - mais la partie inférieure de la figure de l'homme est cachée sous un manteau. Proudhon est aussi l'auteur d'un tableau déjà cité dans cet ouvrage et que j'ai vu dans une salle du Louvre : « L'assassin poursuivi par la vengeance et la justice ». Le peintre partageait évidemment l'illusion si commune qui consiste à croire que le criminel est fatalement poursuivi par le remords : or, les criminels-nés et les criminels par habitude acquise ignorent ce sentiment ; les impulsifs à folie consciente et les criminels par occasion le ressentent à peine ; seuls, les criminels par passion l'éprouvent fortement, et c'est pour cela que très souvent ils se suicident immédiatement après l'accès de violence.

Mais l'artiste se rapproche de la vérité quand il représente l'assassin. « La tête dans l'ombre, éclairée seulement par le reflet de la torche qu'il tient à la main, est épaisse ; les cheveux épars. La face est courte et large, le front bas, les yeux légèrement louches, le nez gros, écrasé, tordu à gauche, les lèvres fortes, les mâchoires, surtout l'inférieure, sont puissantes et sur le menton peu distinct du corps de l'os, quelques touffes de poils » (Lefort, p. 73). La France possède d'autres peintres spécialistes du monde criminel : Boilly a représenté des scènes de brigandage ; Vernet, une rencontre entre les dragons du pape et les brigands ; Géricault, la Tête d'un supplicié, justement célèbre par son exacte figuration des anomalies précitées, propres aux sanguinaires.

27

Dans le fameux Baiser de Judas, d'Ary Scheffer, il y a un contraste éloquent entre la physionomie un peu rêveuse et noblement sereine de Jésus et la figure du traître ; mais celui-ci, par ses traits pointus, son regard ténébreux, son expression sournoise s'éloigne justement du type homicide et violent, et sa tète est bien celle d'un frauduleux, d'un trompeur. - De même aussi, l'Hamlet de Delacroix n'est pas un criminel ordinaire : il a la figure inquiète et égarée d'un fou.

Dans la première moitié de ce siècle, le beige Wiertz, génie bizarre jusqu'au délire et à l'extravagance, a peint avec une scrupuleuse exactitude le portrait d'un brigand et des têtes de guillotinés dont, avec une audace moins heureuse, il a essayé de décrire les dernières pensées. Plusieurs des toiles de cet artiste célèbre, représentant des suicidés, sont reproduites en guise de documents humains dans les « Dernières découvertes et applications de l'anthropologie criminelle », de M. Lombroso (Turin, 1893, p. 337 et 338) - et dans la sixième édition de son « Homme de génie » (Turin, 1894, planches III et XXV).

Durant ces derniers temps, sous l'inspiration au moins indirecte de l'anthropologie criminelle, des artistes italiens se sont occupés de peindre des dégénérés. - M. Rotta, de Venise, a représenté dans ses « forçats » une longue file de galériens enchaînés. Leur uniforme fait ressortir, en supprimant les détails des costumes, les physionomies aux expressions diverses, mais se rattachant toutes au même type. Ce tableau exprime fidèlement la vie morale des criminels.

Un autre tableau, du même auteur, nous offre une image aussi vraie de la vie des fous : il représente une cour d'hospice où des aliénés indigents sont groupés dans des attitudes appropriées à leurs différentes affections mentales.

De sorte que, à propos des criminels dans les arts décoratifs nous pouvons conclure, avec M. Lefort : « Les artistes de tous les temps se sont laissés guider par cette idée que la laideur du corps devait correspondre à une laideur de l'âme et que le criminel devait avoir une physionomie étrange, répugnante, inspirant la méfiance.

« Les peintres des écoles italienne, flamande, espagnole et française sont arrivés empiriquement à créer un type dont les caractères principaux sont : la face très large, pour un crâne généralement petit, quelquefois en pain de sucre (oxycéphalie), ou très développé dans sa partie postérieure (brachicéphalie-occipitale). Le front est fuyant, aplati, limité en bas par l'S des sourcils. Les yeux sont dysymétriques, saillants et ronds : le regard est fixe, dur ou vitreux. Les joues grosses, à pommettes énormes, font disparaître la saillie du nez qui est souvent aplati, arqué (comme le bec des oiseaux de proie) et tordu de côté. Les mâchoires prognathes, les lèvres grosses, renversées en dehors, le menton très fort et carré. Les oreilles en anse, sont mal faites, pointues par en haut, le lobe peu détaché ou carré. Les cheveux abondants, pas de traces de barbe [5].

« Les têtes de criminels, dessinées par des artistes présentent toutes un ou plusieurs de ces stigmates.

« De sorte que, en revenant au type scientifique du criminel décrit par l'école italienne, sans vouloir discuter davantage son existence distincte, nous conclurons à la parfaite analogie de l'oeuvre artistique de plusieurs siècles et de la conception du criminel-né du professeur Lombroso. »

---

[5] Tous ces détails physionomiques sont confirmés par l'anthropologie criminelle à l'exception des lèvres grosses et renversées ; car elles sont presque toujours, au contraire, chez les violents, fines, pâles et droites.

Enrico Ferri,
Les criminels dans l'art et la littérature (3ᵉ édition), 1908.

IV.

Les crimes de sang dans la tragédie et dans le drame.

- Les meurtriers incestueux dans la tragédie grecque. - Macbeth, Hamlet, Othello. - Les Brigands de Schiller. - La Morte civile et Néron. - Les Camorristes. - Cavalleria rusticana.

Après cette rapide revue physiognomique, passons à une étude psychologique des types criminels plus ou moins, sinistrement immortalisés par l'art descriptif.

Nous laisserons de côté deux catégories de délinquants dont la psychologie, peu anormale, se prête difficilement à une étude comparée d'après les données caractéristiques de l'anthropologie criminelle.

L'une de ces catégories comprend les anormaux de moindre importance : adultères, faussaires, séducteurs, maîtres chanteurs « e simile lordura ». Ces sortes de délinquants ont été et sont encore les héros d'une foule de romans et de comédies médiocres et ils ont servi aussi parfois à créer des types demeurés légendaires : le don Juan, de Byron, par exemple ; le Vautrin du grand Balzac ; le don Marzio, de Goldoni, etc.

La seconde des catégories négligeables est celle des criminels politiques, qui peuvent d'ailleurs appartenir à chacun des cinq types criminels scientifiquement classés. Dans l'art, ils sont presque toujours représentés comme des hommes normaux poussés par un suprême intérêt social. - Nous en avons en Silvio Pellico, l'auteur de « Mes Prisons » un modèle particulièrement touchant pour des Italiens. Dostoïewsky, dans ses « Possédés » en a fidèlement rendu les physionomies diverses, mais le grand artiste psycho-pathologue y a exagéré la fréquence du type des mattoïdes politiques.

Le délinquant politique peut être un criminel-né, couvrant d'un pavillon politique ou social, plus ou moins admissible, ses instincts de violence ou de fraude.

Il peut être aussi un criminel-fou, d'une folie lucide et raisonnante. Dans les grandes crises sociales, quand un idéal passionne la conscience collective, il détermine, en le colorant de son mirage, la forme du déséquilibre mental chez les individus prédisposés à une anomalie cérébrale.

L'histoire ne méconnaît pas d'ailleurs le rôle important joué par des fous de génie ou même par des criminels dans la réalisation des grandes réformes. Il faut, en effet, des hommes libres de tout formalisme mental et social, amis du nouveau, incapables de poursuivre uniquement leur intérêt personnel, pour donner l'impulsion décisive aux idées qui, vivantes et déjà mûres, ont besoin pour se produire, d'être débarrassées de leur fatras d'institutions vieillies, comme un poussin de sa coquille.

Ceux-là sont des criminels politiques par occasion, le bataillon des volontaires de tout idéal généreux... Sans l'aiguillon d'une idée patriotique ou humanitaire à réaliser, ils ne se seraient pas élevés au-dessus de la foule qui végète dans la souffrance et le travail, mais ils ne représentent pas encore le véritable type du criminel politique, ce criminel par passion susceptible de devenir un fanatique violent.

Le criminel par passion politique est affecté d'hyperesthésie et sa sensibilité trop développée domine toute son existence presque toujours irréprochable et pleine de sacrifices ignorés, de dévouements inébranlables à un idéal noble et grand. C'est, du reste, un homme normal, qui, un beau jour, entraîné par le somnambulisme d'une idée fixe, oubliant son passé, sa famille et ses relations accomplit un attentat dont les conséquences, bonnes ou mauvaises, sont toujours inférieures aux illusions généreuses de son auteur. Cependant, même

31

quand elles sont très douloureuses, ces conséquences ne doivent pas faire confondre ces sortes de criminels avec d'autres types de criminels politiques et encore moins avec d'autres sortes de délinquants communs, malgré l'identité extérieure et apparente des actes accomplis [6].

Voilà pourquoi, dans la Divine Comédie du Dante, dont le sujet principal est la faute et sa punition, on ne trouve, en fait de portraits phsychologiques de criminels, que de rares types secondaires : Vanni Fucci, dans le chant des Voleurs, Françoise de Rimini parmi les adultères, - Françoise, condamnée à la douce et étrange torture de vivre éternellement dans « l'infernal ouragan qui « jamais ne s'arrête » à côté de son amant : « celui qui ne sera jamais séparé de moi » dit-elle, - tandis que son mari, homicide par jalousie, est seul dans une autre bolge de l'enfer.

En effet, le poème dantesque, en dehors de ces épisodes ou de lointaines allusions à des criminels d'ordre commun, s'occupe principalement de criminels politiques, c'est-à-dire de gens qui se prêtent aux invectives ou aux glorifications du partisan gibelin, mais sans s'écarter beaucoup du type de l'homme normal.

Sans doute, pour un criminaliste la Divine Comédie se prête à une foule de recherches et de considérations. Dante a imaginé un système pénal et une classification des délits et des peines qu'il a résumés dans le onzième Chant de l'Enfer, du trente-deuxième au soixante-sixième vers, et où il part de ce principe vrai et fondamental qu'il y a deux sortes de crimes, ceux de violence et ceux de fraude. Du Moyen âge à nos jours l'évolution du crime a donné une importance de plus en plus grande à la fraude, grâce à la suprématie croissante et progressive de l'intelligence sur la force musculaire - dans les formes normales ou économiques de la lutte pour la vie aussi bien que dans ses formes anormales ou criminelles.

Mais, à ce point de vue spécial, la Divine Comédie intéresse surtout les criminalistes de l'école classique qui s'occupent du crime, et non pas du criminel et essayent de construire, à l'instar des cercles et des bolges dantesques, une échelle de punitions correspondant

---

[6]   Voir, pour l'étude biologique et sociologique du délit politique : Lombroso et Laschi, Le délit politique et les révolutions (Turin, 1890. - Lombroso, Les anarchistes (2e édit., Turin, 1894). - Ferri, Socialisme et criminalité (Turin, 1883) et : Socialisme et science positive (Paris, Giard et Brière, 1897). -Sighele, Lez délinquants sectaires, publiés dans : Les Archives de psychiatrie (1895, t. XVI, p. 385]. - Régis, Les régicides (Lyon, 1889).
   Voir aussi l'enquête d'Hamon sur la Psychologie de l'anarchiste socialiste (Paris, 1895).

symétriquement à l'échelle des fautes. Beaucoup d'entre eux : Ortolan, Carrara, Abegg, Carmignani, Niccolini entre autres, ont discuté les théories criminelles du divin poème [7].

Les criminalistes de l'école positive ou anthropologique trouvent, pour leurs recherches sur les criminels, une mine d'observations psychologiques beaucoup plus riche dans les tragédies et les drames, ces galeries où l'on ne peut étudier les microbes du crime et les délinquants politiques mais où figurent d'autres physionomies plus anormales et souvent admirablement peintes.

Aux siècles passés, l'art exprimait surtout des passions ardentes ou monstrueuses, parce que les crimes de violence étaient alors les plus fréquents dans la vie réelle.

La tragédie grecque est presque entièrement tissue de meurtres et d'incestes. Elle exprime, et parfois avec une profonde intuition de la réalité, l'idée de la fatalité qui pèse sur la créature criminelle. Ce concept, la science positive l'a adopté, mais elle a substitué au symbolique « ananké » au destin, à la volonté des dieux, la constatation expérimentale de la transmission héréditaire, qui perpétue toutes les formes de la dégénérescence, ressuscite les ancêtres dans les veines des vivants, dans leurs tendances innées et indomptables et porte la malédiction biblique à travers les âges, jusqu'à l'extinction des familles dans la stérilité ou le suicide.

OEdipe, l'exemple classique de l'inflexibilité du destin, est le héros favori de la tragédie grecque. Un oracle ayant prédit, à sa naissance, qu'il tuerait son père Laïus, roi de Thèbes, et épouserait Jocaste, sa mère, ses parents l'abandonnent pour essayer d'éluder leur malheur. Mais OEdipe, recueilli par des bergers, emmené et élevé à Corinthe, s'étant mis en route pour Thèbes, tue son père qu'il rencontre en chemin et qu'il ne connaît pas. Il explique ensuite l'énigme proposée par le sphynx et reçoit la récompense promise à celui qui accomplirait ce haut fait, la main de la reine Jocaste. De ce mariage, incestueux à l'insu des époux, naissent Etéocle, Polynice, Antigone et Ismène. Cependant, OEdipe découvre son infamie et s'aveugle de désespoir ; il

---

[7]   M. de Antonellis en a parlé minutieusement et en forçant parfois la note dans ses « Principes du droit pénal contenus dans la Divine Comédie » (Naples, 1896). Voir aussi la Criminologie de l'enfer ; de Nino Verso Mendola (Catane, 1888).
     Prochainement, M. Alfredo Niceforo publiera une étude psychologique d'après les principes de l'école positive, sur les criminels dantesques.

33

s'exile et après avoir longtemps erré, il trouve enfin la mort dans le bois consacré aux Euménides.

L'inceste est, pour ainsi dire, un crime démodé aujourd'hui, ou, s'il persiste encore, c'est dans les plus pauvres taudis urbains et dans les cabanes où la misère contraint parents et enfants des deux sexes à un monstrueux rapprochement de nudités. Mais d'après la légende biblique, il a été l'origine impure du genre humain, grâce aux premiers mariages célébrés entre les descendants directs d'Adam et d'Eve et il apparaît à tout coup dans la tragédie grecque, fatalement uni aux formes les plus cruelles de l'homicide - comme pour confirmer la découverte de Magnan que la dégénérescence peut se manifester de plusieurs façons chez un même sujet, par le greffage de plusieurs délires.

L'incestueuse, fratricide et infanticide Médée a inspiré Euripide, Eschyle, Sénèque, Ennius, Corneille, Grillparzer et le compositeur Cherubini. Grâce à sa magie, elle conquiert la toison d'or pour son amant, l'argonaute Jason, puis elle s'enfuit avec lui de la maison de son père, le roi de Colchide Ætes, dont elle retarde la poursuite en tuant son petit frère Absiste et en semant des morceaux du cadavre tout le long de sa route.

Médée est une folle criminelle, que la jalousie rend furieuse. En effet, elle tue, à Corinthe, sa rivale Créuse en l'enveloppant d'un manteau empoisonné ; puis, pour se venger de Jason, elle poignarde ses propres enfants avant de partir pour Athènes.

Et Phèdre, une autre incestueuse, a été aussi immortalisée par les tragédies d'Euripide et de Racine. Fille de Minos et femme de Thésée, Phèdre s'éprend de son beau-fils Hippolyte, le calomnie auprès de son mari et cause sa mort ; mais elle se pend ensuite de désespoir et cette catastrophe révèle un tempérament de criminelle par passion plutôt que de criminelle-née.

Comme elle, Oreste est un criminel par passion dans les tragédies d'Eschyle, de Sophocle et d'Euripide. Il tue l'amant de sa mère et sa mère même, Clytemnestre. Mais justement parce qu'il a été parricide par passion, il connaît la torture du remords. Les Furies le poursuivent et, pour les apaiser, il va, sur le conseil d'Apollon, dérober le simulacre d'Artémise en Tauride. L'aide d'Iphigénie, sa sœur, lui permet d'esquiver toute punition et il finit par devenir roi de Mycènes.

Ainsi, dès ses premiers chefs-d'œuvre, l'art occidental a su esquisser les trois principaux types de criminels : le criminel-né, le criminel-fou et le criminel par passion, et il a même démêlé dans la physionomie psychique de ce dernier deux traits particulièrement caractéristiques : le remords et le suicide, beaucoup plus rares chez les autres délinquants.

Mais la description psychologique la plus géniale, la plus parfaitement belle de ces trois types criminels nous a été donnée par Shakespeare avec ses drames de Macbeth - un criminel-né -, d'Hamlet - un criminel-fou - et d'Othello - un criminel par passion.

L'œuvre de Shakespeare est une mine d'une inépuisable richesse. Et non seulement les critiques d'art, mais les juristes et les économistes mêmes y ont puisé des données et des documents du plus grand intérêt [8].

Mais c'est surtout le psychologue qui est admirable en Shakespeare : John Falstaff et Shylock sont, selon le critique danois Georges Brandes, l'incarnation la plus parfaite l'un, de l'humour, l'autre de la cupidité usurière dont le grand poète avait connu les pires tortures, au dire du même critique. Et, pour les criminalistes, les trois fameux homicides shakespeariens sont des documents humains où un art parfait s'allie à une observation scientifique rigoureusement exacte.

Macbeth est un personnage historique. Cet aventurier écossais tua, en 1040, le roi Duncan, pour s'emparer du trône d'Écosse et fut, en 1057, assassiné à son tour par le fils de sa victime. C'est le type achevé du criminel-né, ce produit monstrueux de la névrose épileptique et criminelle.

Il est, en effet, dans la tragédie de Shakespeare sujet dès sa naissance à l'épilepsie psychique ou larvée, la moins apparente des formes de la terrible névrose, celle où se produit seulement une inconscience momentanée et souvent inaperçue, équivalent psychique des convulsions musculaires auxquelles tout le monde pense d'abord, quand on parle d'épilepsie.

« Ne bougez pas » , dit Lady Macbeth aux convives surpris de l'attitude étrange de leur royal amphytrion : « Ne bougez pas, nobles amis : mon seigneur est souvent dans cet état depuis sa jeunesse. L'accès dure un instant à peine, et il va revenir à lui. »

---

[8]   Voir Kohler, Shakespeare von dem Forum des jurisprudenz, (Stuttgart, 1882).
      Voir aussi les études récentes de M. Georges Brandes dans la Zukunft de Berlin (juin et août 1895), et dans la Revue des Revues de Paris (15 juin et 15 août 1895).

Et, à l'instar des tragiques grecs, Shakespeare exprime par un symbole les tendances innées de son héros - cette disposition intime dont la vie aventureuse du criminel est une manifestation aux trois quarts inconsciente. L'apparition des sorcières et leurs prédictions remplacent le décret du Destin ou l'oracle des anciens.

Il y a en outre, dans la tragédie anglaise, une autre intuition psychologique, de celles qui contredisent les règles de la psychologie ordinaire et, par conséquent, échappent aux observateurs superficiels : car ceux-ci projettent toujours, dans la conscience du criminel, les idées et les sentiments qu'ils supposent qu'ils éprouveraient à sa place.

Mais le génie de l'artiste et la patiente et multiforme recherche du savant découvrent chez l'homicide-né, sous l'apparence normale et malgré l'absence d'une folie réelle, des tendances et des états d'âme bien différents des manifestations d'un esprit sain.

A peine a-t-il tué le roi Duncan, Macbeth entre en scène, un poignard sanglant à la main, et il raconte à sa femme tout ce qu'il a éprouvé avant et après le meurtre.

M. Tommaso Salvini, ce grand et inoubliable interprète de Shakespeare, en publiant dans un journal littéraire (1883), des « Interprétations et raisonnements sur quelques oeuvres et quelques personnages de Shakespeare » jugea cette scène puissante peu naturelle parce que, dit-il : « le premier soin d'un criminel est de cacher son crime ».

Il en serait ainsi si les homicides possédaient notre prévoyance, notre équilibre mental et ...., notre horreur du crime. Mais en les étudiant de près, on est forcé de convenir qu'ils sont, en cela, comme par tant d'autres côtés de leur être physique et moral, bien différents de ce que nous sommes.

Les révélations imprudentes, surtout après un meurtre, si invraisemblables qu'elles paraissent à l'homme normal, sont une des données les plus sûres de la psychologie criminelle. Elles sont même très fréquentes et servent à dévoiler l'assassin bien plus souvent que la sagace intervention des agents de police, si vivement peinte dans les romans judiciaires dont nous parlerons tantôt.

Très souvent aussi, un meurtre est précédé de discours compromettants et de menaces. - Chez l'homicide-né, l'idée d'une action perverse ne soulève aucune répugnance intime ; elle répond, au contraire, à ses affinités mentales et il en parle complaisamment, comme un bon ouvrier de son travail. - Et quant au criminel par passion, sa nature expansive l'empêche de dissimuler et ses intentions se manifestent malgré lui, comme fuse la vapeur quand elle excède la force des valves, ou, selon le mot de Manzoni, comme s'échappe un vin nouveau d'un baril vermoulu.

Cette projection d'un sentiment ordinaire dans l'âme du criminel, faisait dire à mon maître de droit pénal, Pietro Ellero - théoricien habile, d'ailleurs, des indices de culpabilité - que les manifestations imprudentes avant le meurtre devraient être considérées comme des preuves de non-culpabilité. Car, disait-il, « pour faciliter un crime et fuir sa punition, deux motifs d'une grande importance, le délinquant a un intérêt suprême à se taire » - ce qui est exact pour la psychologie normale et ne l'est pas, tant s'en faut, pour la psychologie criminelle.

Et quant aux révélations imprudentes après le crime, révélations qu'un autre grand artiste, l'Arioste, avait devinées dans les vers fameux :

> « Le coupable... qui, sans y être poussé,
> Se dénonce sottement lui-même »,

les annales judiciaires prouvent abondamment combien la scène imaginée par Shakespeare est vraie.

Poncet, évadé de Cayenne s'aperçoit qu'il est reconnu par le valet de chambre de Lavergne, sa future victime. Cela ne l'empêche pas « de l'accompagner au café et d'y souper et d'y causer avec tout le monde, pour se faire voir. Le jour même de l'assassinat, il vient chercher Lavergne et, aux yeux de tous, monte avec lui en voiture. Il ne laisse échapper aucune occasion de parler au cocher. Deux fois, il fait arrêter, à deux bourgades différentes, où des curieux l'observent, qui pourront le signaler plus tard : enfin, il renvoie le fiacre et paye le cocher à l'entrée du bois où il va commettre un meurtre. Le soir même, au bal, il fait voir la montre enlevée à sa victime, il fait même remarquer à plusieurs personnes que c'est une montre à répétition, qu'elle sort d'une fabrique anglaise et porte gravées les armes d'Angleterre ».

Le caporal Géomey, guillotiné à Paris en 1889, suit une conduite analogue. Après le meurtre de la femme Roux, il va au restaurant où il prie quelqu'un qu'il ne connaît pas d'estimer la montre volée à sa

37

victime [9]. Et le fameux Pranzini, guillotiné à Paris, lui aussi, après avoir accompli son méfait avec une grande astuce, s'est perdu, comme tant d'autres, en distribuant les bijoux de sa victime parmi des prostituées, à Marseille [10].

Asselinat tue son ami Bronet et va, vêtu des habits de sa victime, jouer l'argent qu'il lui a volé. Naturellement, on l'arrête et on lui découvre d'autres objets ayant appartenu à l'assassiné.

Au cours d'un vol avec effraction, commis par la bande des Rôtisseurs (ainsi nommés parce qu'ils brûlaient la plante des pieds de leurs victimes pour les contraindre à livrer leur argent caché), Langevin travaille, sous les yeux du maître du logis, à forcer une serrure : « Laisse donc ce pétrin », lui dit un camarade, tu n'y trouveras que de la farine » - « Çà, un pétrin ? c'est un coffre-fort : je le sais bien. C'est moi qui l'ai fait quand j'étais menuisier à Orléans ».

Il se dénonçait ainsi lui-même. La femme Pelletier appartenant à la même bande entend dire tout près d'elle qu'on ne devait pas avoir eu beaucoup de peine à tuer deux vieillards. « Ah, vous croyez ? » s'écria-t-elle « eh bien vous vous trompez ! La vieille était pleine de force et d'énergie [11] ».

Et cette insouciance, si incompréhensible à ceux qui jugent les criminels d'après leurs propres sentiments d'hommes honnêtes et équilibrés, est parfois poussée encore plus loin.

Les quatre auteurs de l'assassinat d'Auteuil (Paris, 1889) dont deux, Allorto et Sellier furent décapités sous mes yeux (j'en reparlerai plus loin, pour opposer la psychologie du condamné à mort, telle que je l'ai observée directement, à la psychologie faite de chic par V. Hugo) entrèrent la nuit dans une maison pour la piller. Ils en sortirent à l'aube, chargés de sacs pleins d'argenterie et de lingerie et, stupidement, se montrant ainsi, à cette heure indue, se firent arrêter par la première escouade d'agents de police rencontrée.

La marquise de Brinvilliers, célèbre empoisonneuse, montrait souvent une boite où elle pouvait puiser, disait-elle, de quoi se venger de ses ennemis et faire beaucoup d'héritages. Réfugiée dans un monastère, elle entreprend d'écrire ses mémoires, avant l'ouverture de

[9]   Bataille, Causes criminelles et mondaines de 1889 (Paris, 1890, p. 180).

[10]   Laurent, Les habitués des prisons de Paris (Lyon, 1890,p. 376).

[11]   Voir Despine, Psychologie naturelle, 1878, t. II , p. 273, 453, 615.

son procès. Et, dans ces mémoires, elle raconte minutieusement ses crimes et révèle, entre autres choses, « qu'elle a mis le feu dans une maison et qu'elle a cessé d'être fille à l'âge de sept ans [12] ».

Menesclou viole et assassine une enfant et écrit en vers, le lendemain :

> « Je l'ai vue, je l'ai prise
> Le bonheur n'a qu'un instant,
> Mais la fureur vous grise. »

proclamant son crime avec une étrange imprévoyance et non, comme on le voit, sans un certain talent.

Je citerai enfin, un des faits recueillis pour mon étude de l'homicide dans l'anthropologie criminelle. Un nommé Schombert, en novembre 1882, tua sa femme à coups de marteau, à Paris ; puis il lui scia le cou, et, après avoir essuyé à sa veste ses mains sanglantes, il descendit tranquillement dans la rue [13].

Grâce au génie d'un Shakespeare, un trait analogue donne lieu à la scène de Macbeth, reproduction fidèle d'une vérité vraie, quoique invraisemblable.

Disons ici, par parenthèse, que la vraisemblance nous induit souvent en erreur. Elle est presque toujours opposée à la vérité et fait commettre beaucoup de fautes, dans les salles de justice et dans les jugements communs et non moins erronés de la vie quotidienne.

Il en est de la scène de Macbeth, si admirablement vraie, comme de certains crépuscules nuageux, striés de couleurs étranges par le soleil couchant : l'artiste qui voudrait les reproduire fidèlement serait taxé d'invraisemblance. Mais il appartient au génie de voir de haut ce que le sens commun, superficiel et distrait, n'aperçoit pas et juge faux, car, comme le disait si bien Rousseau : « Il faut être très sagace pour remarquer ce qui nous entoure habituellement ».

Dans la Phèdre de Racine, par exemple, le critère de vraisemblance sert aussi mal à propos à transporter dans la psychologie criminelle les données de la psychologie normale. Racine suivant l'argumentation dont se servait, un peu auparavant, le célèbre criminaliste Prospero

---

[12]   Répertoire de causes célèbres, t. I, p. 906.
[13]   Rivista carceraria (Rome, Bulletin, t. XII, p. 92).

Farinaccio dans sa défense de Béatrice Cenci accusée de parricide, fait dire à Hippolyte accusé d'inceste :

> Examinez ma vie et songez qui je suis :
> Quelques crimes toujours précèdent les grands crimes.
> Quiconque a pu franchir les bornes légitimes
> Peut violer enfin les droits les plus sacrés
> Ainsi que la vertu, le crime a ses degrés ;
> Et jamais on n'a vu la timide innocence
> Passer subitement à l'extrême licence.
> Un seul jour ne fait pas d'un mortel vertueux
> Un perfide assassin, un lâche incestueux.

Phèdre, Acte IV, scène II.

Ce raisonnement de Racine n'est pas dans la Phèdre d'Euripide, mais nous le retrouverons dans le Cosmopolis de M. Bourget. On peut l'appliquer aux criminels par habitude acquise, mais, malgré sa vraisemblance, il est inapplicable aux criminels-nés dont un des traits caractéristiques est de débuter parfois, et dès leur enfance, par le plus grand des crimes, le meurtre. De sorte que le syllogisme aux apparences si vraisemblables, par lequel MM. Tarde et Topinard considèrent le criminel comme un type professionnel et non comme un type biologique, manque tout à fait de base positive, puisque nous voyons que les criminels-nés commencent leurs exploits dès la première jeunesse, avant toute habitude plus ou moins professionnelle.

Pour en finir avec Macbeth, j'y veux noter encore une intuition de Shakespeare, que les plus récentes découvertes de l'anthropologie criminelle confirment de la façon la plus complète.

Il nous peint lady Macbeth plus froidement, plus impassiblement féroce que son mari. Or, l'anthropologie criminelle nous apprend que, si les femmes commettent moins de crimes, elles sont, sauf dans les meurtres commis par passion, plus cruelles, plus obstinées dans la récidive, moins susceptibles de repentir que les hommes.

Leur plus grande délicatesse de sentiments est encore une des affirmations vraisemblables, mais fausses, de la psychologie commune.

MM. Lombroso, Sergi et Ottolenghi ont expérimentalement démontré, en effet, que leur sensibilité est moindre que celle de l'homme et, dans le même ordre de recherches, les travaux de M.

Ottolenghi ont prouvé que, malgré l'apparence, la sensibilité de l'enfant est inférieure à celle de l'adulte. L'explication de ce fait, - que j'ai donnée en m'appuyant à la théorie darwinienne, -est que chez la femme, la grande, la miraculeuse fonction de la maternité, la nécessité de maintenir l'espèce condamne la créatrice à un degré inférieur d'évolution individuelle et la place, biologiquement, par sa physionomie, sa voix, sa moindre force musculaire, et psychologiquement, par sa moindre capacité de synthèse mentale et son impulsivité, entre l'adolescent et l'adulte [14].

Ce ne sont pas des hommes qui ont inventé de faire manger à leurs victimes leurs propres chairs rôties ; c'est aussi une femme, une mère, qui a fait mourir son enfant en le renfermant dans une caisse pleine de guêpes : ce crime a été constaté par Casper...

Ainsi, dans le drame puissant de Shakespeare, lady Macbeth est, avant ses accès de délire, plus inhumaine que son mari, cette personnification si complète pourtant du criminel-né. Et, à la fin, ses douloureuses hallucinations contrastent merveilleusement avec sa précédente obstination à inspirer le régicide au mari hésitant, non par scrupule de conscience, mais par crainte de manquer le trône après le meurtre du roi.

Il est plus facile d'étudier, d'après les données de la psychologie criminelle, les deux autres célèbres homicides shakespeariens, Hamlet et Othello. Pour ceux-là aussi, on a trop souvent invoqué les critères insuffisants et incomplets de la psychologie commune. Des gens, ignorant les éléments mêmes de la criminologie, ont vu dans Hamlet, ce criminel-fou, un homme qui a perdu la raison à force de feindre la folie : cette opinion a été soutenue, entre autres, par De Zerbi. - Certains critiques, égarés par d'anciens préjugés spiritualistes, nient la folie d'Hamlet. Ils expliquent le désordre de son intelligence par une prédominance trop marquée de certaines facultés intellectuelles et par « un état d'anémie ».

S'il finit par se décider à tuer le roi, c'est, disent-ils, uniquement parce que le meurtrier de son père a voulu le tuer lui-même, dans son

---

[14] Lombroso et Ferri, La femme criminelle et la femme normale (Turin, 1893). - Ferri, dans la Scuola Positiva, n• d'avril 1893.

J'ai démontré, d'ailleurs, dans mon Socialisme et science positive, Paris, Giard et Brière, 1896, que cette indéniable inégalité bio-psychique entre les sexes ne doit pas faire conclure à la négation de l'égalité sociale revendiquée par les femmes conscientes de leur mission, et qui demandent justement de n'être plus considérées comme des bêtes de somme ou des animaux de luxe.

41

duel avec Laerte, en empoisonnant l'arme de son adversaire, et en mettant du poison dans le vin préparé pour lui. « Les machinations, les élucubrations d'Hamlet n'auraient peut-être pas suffi à produire la catastrophe finale : si le roi meurt, c'est surtout grâce à un concours de circonstances indépendantes de la volonté de son neveu » [15].

Non : Hamlet est un criminel-fou, peint de génie. Sa folie lucide est de celles qui échappent aux observateurs superficiels, car elles ne provoquent pas de délires furieux ou incohérents : mais elle n'a pas échappé au regard d'aigle du psychologue anglais.

Le tableau des symptômes psycho-pathologiques est, chez Hamlet, on ne peut plus caractéristique.

Son hallucination, d'abord, quand il croit voir et entendre parler l'ombre de son père, cette preuve décisive d'aliénation mentale.

Sa simulation de folie, que les non-initiés prennent pour un caprice ou un expédient du poète et qui correspond merveilleusement aux données de la science positive, car le sens commun a beau dire : « s'il feint la folie, il n'est pas réellement fou », cette simulation est, au contraire, très fréquente chez les aliénés [16].

Et Hamlet est un de ces fous lucides ayant de temps à autre conscience de leur maladie : il parle de la sienne, dans sa lettre à Ophélie, et s'écrie après avoir poignardé Polonius : « Ce n'est pas Hamlet qui l'a tué, c'est sa folie ! »

Cette sorte d'aliénation s'allie presque toujours, chez ceux que l'école française de M. Magnan appelle les « dégénérés supérieurs » (pour les distinguer des dégénérés inférieurs -imbéciles et idiots) à une paralysie de la volonté (aboulie) devenue, par neurasthénie et psychasténie, incapable de traduire unie idée en acte. L'aboulie se manifeste chez Hamlet par une folie du doute ; elle perce dans ses invincibles hésitations avant d'accomplir la vengeance méditée et dans sa répugnance instinctive au meurtre. J'ai démontré ailleurs que cette

---

[15] D'Alfonso, La personnalité d'Hamlet (dans la Rivista italiana di filosofia, janv. 1895).

[16] Voir Lasègue, et puis, entre autres : Wille, Simulated Insanity (Medico legal Journal, New-York, déc. 1885) ; Venturi, Simulation chez les aliénés et les épileptiques (actes du Ier Congrès international d'anthropologie criminelle, Rome, 1886, p. 280) ; Garnier, Dégénérescence mentale et simulation de la folie (actes du IIe Congrès d'anthropologie criminelle, Paris, 1890. p. 289) ; Parant, La raison dans la folie (Paris, 1888). Tous démontrent que la simulation de la folie est un symptôme d'aliénation mentale très fréquent dans l'hystérie, l'épilepsie, l'alcoolisme, les névropathies héréditaires.

répugnance peut survivre chez les fous au sens moral intact, leur psychologie conservant parfois cette partie du patrimoine organique héréditaire dans le naufrage plus ou moins complet de l'intelligence. Ils peuvent aussi se montrer de subtils raisonneurs et la psycho-pathologie a prouvé que le délire provoque souvent une inspiration géniale même dans un cerveau inculte.

Hamlet revient de l'Université de Wurtemberg : c'est un intellectuel, et Shakespeare a compris, par une intuition profonde, que sa folie ne pouvait lui interdire les raisonnements corrects, ni même les hautes pensées : de là, ses considérations sur le crâne de Yorick ou sur le roi en prières, qu'il ne veut pas tuer pour ne pas l'envoyer au ciel ; le stratagème imaginé pour obtenir l'aveu du crime dans la scène de la comédie, et enfin le fameux monologue : To be or not to be, que le grand acteur Ernesto Rossi interprétait si éloquemment.

Quoiqu'elle soit lucide et raisonnante, la folie, chez Hamlet, n'en est pas moins réelle. S'il n'est pas poussé au meurtre par un motif ignoble, s'il tue pour venger son père, son action n'en demeure pas moins l'indice d'une personnalité malade, d'une folie : les crimes des fous ont souvent un mobile avouable et logique [17]. Et d'ailleurs l'assassinat gratuit et absurde de Polonius, par son étrangeté et son inutilité suffirait à prouver l'impulsivité irraisonnée d'Hamlet, puisque le vieillard, de sa cachette derrière une tapisserie, n'avait pu surprendre aucun secret compromettant.

Othello, l'homicide par passion, ne semble peut-être pas toujours correspondre à la vraisemblance banale et superficielle, mais il est intimement vrai : c'est une conscience fouillée dans ses profondeurs par le génie sûr et voyant d'un grand artiste.

Cependant, de Macbeth à Hamlet, d'Hamlet à Othello, il y a comme une régression de l'extraordinaire à l'ordinaire. Peu de gens devinent un criminel-né sous les traits de Macbeth ; beaucoup reconnaissent en Hamlet un esprit déséquilibré et tout le monde voit en Othello l'incarnation désormais proverbiale du criminel par passion.

Cette impression se précise encore quand, aux données habituelles de la psychologie commune, on ajoute celles plus exactes, plus caractéristiques, de la psychologie criminelle proprement dite.

---

[17] Ferri, L'Homicide dans l'anthropologie criminelle (Turin, 1895). - Psycho-pathologie de l'homicide, p. 588.

43

Car, s'il est moins anormal que Macbeth ou Hamlet, Othello est pourtant un meurtrier et partant, une conscience malade, qui appartient à la psychologie criminelle et non à la psychologie normale. C'est ce que confirme son suicide, à la fin de la tragédie. Par une profonde intuition de la vérité, Shakespeare n'a admis cette réaction immédiate après l'accès de violence, symptôme spécifique du criminel par passion, ni chez Macbeth, ni chez Hamlet.

Le criminel-né se suicide aussi quelquefois, mais dans des conditions bien différentes. Chez lui, l'insensibilité physique et morale est telle qu'elle arrive parfois, comme chez le sauvage, à atrophier l'instinct de conservation. Son suicide a lieu longtemps après son crime et sans qu'il y ait rapport de cause à effet. Son indifférence en face de la mort, en face même de la guillotine, son stoïcisme apparent proviennent d'une cause pathologique : et son insensibilité apathique n'a rien de commun avec la sérénité austère du martyr, sacrifiant à un idéal honnête, sur l'échafaud de la honte, ou plutôt de la gloire, une vie volontairement brisée malgré la révolte de l'instinct.

Chez l'homicide par passion, le suicide accompli ou simplement tenté est la réaction immédiate du sens moral momentanément étouffé par une crise psychologique et reprenant impérieusement ses droits, dans un spasme de remords, aussitôt après la détente nerveuse de l'acte criminel.

Shakespeare a compris cette vérité de la psychologie criminelle, que Tommaso Salvini rendait par un geste et un cri admirables. - « Othello n'est plus ! » s'écrie le Maure, au moment où il s'apprête à se suicider, pour se délivrer et venger sa chère victime. Il se qualifie d'homme « peu sage et trop ardent en amour » et dit aux personnes accourues :

« Que direz-vous de moi ? Que j'ai été si vous voulez, assassin par honneur. - car ce n'est pas la haine qui m'a poussé au crime ».

Outre ce côté curieux de la psychologie d'Othello, on trouve dans la tragédie de Shakespeare une autre intuition des données positives de l'anthropologie : la suggestion perverse d'Iago.

Iago inocule, goutte à goutte, le poison de la jalousie dans les veines volcaniques du Maure, par une série d'artifices tortueux : il met en jeu tout le mécanisme psychologique de la suggestion, tel qu'il a été constaté d'abord par les études sur l'hypnotisme -cette dissection anatomique et expérimentale de l'âme humaine -et confirmé par son application aux phénomènes normaux de la psychologie commune :

La suggestion, c'est l'imposition d'une idée propre dans un autre cerveau qui s'en empare et l'exécute. La criminologie italienne, par l'excellente monographie de mon élève, M. Scipio Sighele sur : « Les couples criminels » a mis en relief ses manifestations caractéristiques chez les délinquants. - M. Sighele a étudié l'influence qu'un individu énergique et pervers exerce sur un compagnon de folie ou de vice, psychologiquement plus faible, pour l'entraîner au crime ou à un double suicide.

Et dans la traduction française de son étude, après avoir parlé des couples sains, des doubles suicides, des couples d'aliénés, avant de parler des dégénérés (prostitution et inversion sexuelle) il donne, à propos des couples criminels, dans un paragraphe relatif à la paire d'amis l'exemple classique d'Iago et Othello [18].

Ainsi, dans le tissu même de son oeuvre, Shakespeare a fixé une des vérités les moins apparentes de la vie criminelle : il a montré l'idée du meurtre, la graine mauvaise jetée, soignée et développée par un homme dans l'âme d'un autre. Elle grandit, elle atteint à l'énergie impulsive de l'idée fixe, elle produit enfin un acte de violence dont la genèse est, en somme, étrangère à la conscience de son auteur. Et celui-ci, à peine débarrassé du cauchemar obsédant par l'explosion de l'accès homicide, est poussé au suicide par l'inexorable réaction du sens moral.

Le personnage d'Othello, tempérament bouillant et impulsif, grâce à la prédominance du sentiment sur l'idée, correspond donc exactement aux données de la psychologie criminelle positive.

Mais la psychologie ordinaire, même lorsqu'elle est maniée par un critique fin et profond, ne peut que juger incomplètement et superficiellement le personnage d'Othello : elle ne parvient pas à éclairer les profondeurs d'où saillent chez lui l'idée et l'action du meurtre et du suicide.

M. Graf, un génial connaisseur du coeur humain, pourtant, s'est efforcé, dans un essai psychologique sur la jalousie d'Othello (Nuova antologia, Rome, 1892) d'expliquer les aventures tragiques du Maure au moyen de la psychologie commune ; mais, malgré tout son talent,

---

[18]   Sighele, Le crime à deux (Lyon, 1893, p. 131).

ce bistouri ne pouvait suffire à anatomiser un type anthropologique que, seule, la psychologie criminelle peut efficacement et complètement analyser.

M. Graf soutient, en somme, qu'Othello n'est pas jaloux par inclination naturelle. S'il le devient, c'est d'abord grâce au sentiment de son infériorité à lui, Maure et guerrier, vis-à-vis de Desdémone, la charmante et délicate enfant de la lagune vénitienne ; c'est aussi par ce qu'un héros comme lui est toujours moralement simple, - il n'est ni critique ni sceptique, il croit aveuglément aux artifices grossiers d'Iago et se laisse facilement entraîner aux extrêmes. - « Hamlet, à sa place, dit M. Graf, « serait demeuré maître de lui-même, après avoir écouté « Iago ».

On ne trouve pas là une raison suffisante du meurtre de Desdémone. L'explication de M. Graf est, jusque dans l'allusion à l'éclair de pitié qui, un moment, retient l'homicide devant le corps admirable de l'adorée, syllogistiquement exacte. Mais il fait de la psychologie de surface, descriptive, comme M. Bourget, et non pas de la psychologie profondément génétique. Il expose ingénieusement une série de syllogismes psychologiques, qui ne nous dévoilent pas la véritable origine de l'idée criminelle chez Othello.

Cela est si vrai, que lorsqu'il veut expliquer le suicide du Maure, il le rapporte à son caractère héroïque et porté aux extrêmes. Mais le suicide immédiatement après le meurtre est un symptôme d'une importance capitale au point de vue de la psychologie criminelle : il suffirait à lui seul à caractériser Othello et il témoigne du merveilleux génie de Shakespeare, qui a su prévoir tant de vérités, si péniblement distillées par notre science actuelle.

Alliance sympathique et féconde de l'art et de la science, qui nous promet une meilleure et plus complète connaissance de la vie [19].

En dehors de l'œuvre de Shakespeare, - où les intuitions psychologiques foisonnent comme les plantes dans une forêt vierge, - l'art dramatique représente surtout le criminel par passion. C'est au point que l'opinion publique a fini par prêter à tous les délinquants les caractères spéciaux et moins antipathiques de celui-là : son sentiment du remords, son désir de réhabilitation. Et le formalisme de la morale

---

[19] L'intéressant volume de M. Passigli, Medicina e arte (Florence, 1896), nous offre un exemple de cette alliance.

spiritualiste, pénétrant la science criminelle classique, impose, à son tour et malheureusement ces vues, si contraires à la vérité.

En effet, sauf chez les délinquants poussés par une passion excusable ou même légitime - personnalités romanesques et relativement rares, d'ailleurs - la prétendue torture du remords est inconnue aux criminels. Ils ressemblent plus ou moins au « héros criminel et content » de Beaudelaire, ce personnage dont M. Guyau, s'inspirant d'une psychologie commune et d'un automorphisme inapplicable aux criminels a dit, dans son Irréligion de l'avenir (p. 355) :

« Un homme pareil est incapable d'éprouver les joies de la famille et du foyer domestique : celui qui a tué son père ne peut pas désirer un fils. »

Voilà encore un syllogisme de la psychologie abstraite que dément l'observation positive. Le criminel n'ignore pas toujours les affections familiales ; même le criminel-né, en dehors de son caractère spécifique fondamental (impulsivité anormale et atrophie du sens social) est un homme différant peu des autres par ses affections, ses sentiments et ses passions.

Les derniers progrès de l'anthropologie criminelle éclairent d'un jour nouveau le domaine de l'art : nous en trouverons tantôt la preuve chez les romanciers contemporains. Mais avant ces découvertes récentes et depuis Shakespeare, le drame ne nous fournit guère qu'un type criminel : le criminel par passion, ou, quelquefois, le criminel par occasion.

Tel est, par exemple, le Charles Moor des Brigands de Schiller. Il mérite une mention, non pour l'exactitude du portrait car l'écrivain n'a pas su mettre en évidence un seul caractère psychologique nouveau, mais pour avoir servi de modèle à tous les portraits de brigands, presque entièrement conventionnels et romantiques, qui ont pullulé depuis dans les drames. Ceux-là vivent encore, d'une vie extraordinairement tenace, dans la conscience populaire parce que, jusqu'à un certain point, ils correspondent à la réalité. C'est que le type du brigand - rebelle aux volontés arbitraires du tyranneau cruel, protecteur des faibles et vengeur des offensés - répond aux conditions immanentes de la vie sociale et à l'élan obstiné de l'âme collective vers un idéal suprême de justice.

Charles Moor est une création qui sent l'époque tourmentée et inquiète où a été conçu le drame impétueux du jeune Schiller, parmi

47

les troubles précurseurs de la Révolution française. Aussi les brigands du poète historien suscitèrent-ils une flambée d'enthousiasme telle que beaucoup d'associations de jeunes gens se formèrent, sur divers points de l'Allemagne, dans l'intention d'aller vivre au fond des forêts, comme le héros du drame et de s'ériger, comme lui, en « juges et punisseurs d'une société « coupable ».

Une impression analogue, quoiqu'atténuée, persiste au fond de la conscience populaire. Ainsi on voit, dans la crise douloureuse que traverse l'Italie, en cette fin d'année 1895, couver sous les cendres de la morale conventionnelle, une admiration ardente pour les rebelles aux nombreuses iniquités politiques et sociales : la loi écrite a beau les condamner aujourd'hui comme criminels, la justice historique, demain, les appellera précurseurs ..... C'est, du reste, ce qui est arrivé déjà, vers le milieu de ce siècle, aux martyrs de l'indépendance italienne.

Il y a dans les Brigands (l'auteur nous en avertit dans sa Préface, avril 1781) plusieurs personnifications de criminels. Mais François Moor n'a pas une physionomie bien caractérisée. Ce pervers - qui falsifie lettres et nouvelles, éloigne son frère, par cupidité et par jalousie, de la maison paternelle, veut hâter la mort de son père en lui annonçant la mort de Charles et en l'enfermant dans une caverne - manque absolument de relief psychologique.

Charles Moor, dans la forêt, est entouré de bandits plus ou moins féroces et, parmi eux, Spiegelberg se rapproche du type du criminel-né. Mais ce sont des personnages de second plan, sacrifiés au protagoniste, que la fantaisie de Schiller a entouré d'une auréole éblouissante.

Charles Moor est à la fois criminel par occasion et par passion, passion sociale plutôt que politique. Aussi se montre-t-il inquiet, tourmenté par le remords au point d'aller se livrer lui-même à ses juges. Et, généreux jusqu'à la fin, il connaît, dit-il, un « malheureux journalier, père de onze enfants. On a promis une récompense de mille louis d'or à celui qui livrera vivant le chef des bandits... Cet homme sera secouru... » (Dernière scène du V• acte).

Voici comment Schiller décrit son héros dans la préface précitée :

« Charles Moor est entraîné au crime par l'idée qu'il s'est faite de sa grandeur : il est poussé par l'énergie qui est en lui ; il est séduit par l'attrait des dangers qui l'accompagnent. C'est une de ces âmes fortes et élevées que la nature destine à être fatalement, selon l'impulsion qu'elles reçoivent, des Brutus ou des Catilinas. Des circonstances malheureuses le poussent dans le mauvais chemin, et il ne revient sur ses pas qu'après avoir commis des crimes atroces. S'étant formé une idée fausse de l'action et du pouvoir, et doué d'une surabondance de forces supérieures aux lois, il devait nécessairement devenir l'ennemi de la société. »

« Aux rêves de grandeur et d'action qui s'agitaient dans son esprit, devait s'associer en lui cette sorte de dégoût du réel qui fait l'originalité de Don Quichotte et que nous aimons et détestons à la fois chez le brigand Charles Moor, parce qu'il est admirable et pourtant condamnable. »

« Il va sans dire que ces considérations ne s'appliquent pas aux brigands seulement » (elles s'appliquent même, en effet, aux délinquants qui savent éviter le Code pénal)... de même « que les sarcasmes de Cervantes ne visent pas seulement les chevaliers errants. »

« Pour plaire aux âmes faibles, j'aurais dû sans doute peindre moins fidèlement la nature. »

« Mais parce que le feu brûle et que l'eau noie, devrons-nous détruire l'eau et le feu ? »

Et voici, pour compléter la physionomie morale de Charles Moor, les paroles, que le bandit Ratzmann dit de lui au pervers et féroce Spiegelberg : « Il ne tue pas pour s'enrichir, comme nous ; il ne se soucie plus de l'argent, depuis qu'il en a une quantité suffisante. Même, ce tiers du butin qui lui revient de droit, il en fait don à des orphelins ou il s'en sert pour faciliter l'étude à des jeunes gens pauvres et intelligents. Mais s'agit-il de faire rendre gorge à un seigneur qui tond comme des moutons ses malheureux vilains ? ou de crucifier un coquin galonné d'or, qui se moque de la loi et donne le change à la justice ? ou d'un tyran quelconque ? ... Ah ! alors, il est dans son élément ; il s'emporte comme s'il avait une furie dans chaque veine.

« Il n'y a pas longtemps, on vint nous raconter, pendant que nous étions à l'auberge, qu'un riche baron de Ratisbonne, qui avait gagné un million grâce aux tripotages de son homme d'affaires, devait passer par là.

« Le capitaine était en train de dîner.

49

- Combien sommes-nous ? demanda-t-il en se levant tout à coup, et je remarquai qu'il mordait sa lèvre inférieure, signe, chez lui, d'une grande colère. - « Nous sommes cinq, répondis-je. » - Cela suffit, dit-il. Il jette quelques monnaies à l'aubergiste et sans même goûter au vin qu'on lui avait versé, il se met en route, et nous derrière lui. Tout le long du chemin, il ne dit pas un mot. Il chevauchait seul de son côté : de temps en temps, il nous demandait si nous n'entendions aucun bruit et nous faisait approcher l'oreille du sol. Enfin le baron arriva en voiture. Cette voiture était pleine. L'homme d'affaires était assis à côté de son maître : un homme à cheval précédait la voiture et deux autres serviteurs à cheval aussi, la suivaient... Oh, si tu l'avais vu se précipiter, armé de deux pistolets ! Si tu avais entendu ce terrible : Arrêtez ! Le cocher sauta de son siège, le baron s'élança hors de la voiture et les trois cavaliers s'enfuirent « Ta bourse, brigand ! » cria Moor d'une voix effrayante, et le grand seigneur eut l'air d'une bête sous le joug. - « N'es-tu pas, toi, le coquin qui a fait de la justice une infâme courtisane ? » L'homme d'affaires tremblait, ses dents claquaient de terreur. Le capitaine lui planta son poignard dans le ventre, comme on plante un pieu dans la vigne. J'ai fini, nous dit-il en s'éloignant fièrement : le butin est à vous, et il rentra dans la forêt » (Acte II, scène III).

Charles Moor, contraint par les artifices de son frère qui le prive du pardon paternel, de retourner à sa vie de brigandages, dit : « Je ne suis pas un voleur, je n'agis pas dans les ténèbres, contre des gens endormis, je ne m'introduis pas chez eux furtivement. Mais je rends le mal pour le mal et la vengeance est ma profession » (Acte IV, dernière scène).

Aussi, quand le bandit Schufterte se vante, en sa présence, d'avoir jeté un enfant dans les flammes il s'écrie : « Serait-il vrai, Schufterte ? Que cette flamme dévore tes entrailles jusqu'au jour de l'éternité ! Loin d'ici, monstre ! qu'on ne te voie jamais dans ma troupe ! » (Acte II, scène IX).

Ce qui ne l'empêche pas de subir l'influence de l'habitude et d'acquérir peu à peu l'insensibilité morale du criminel-né. Dans la dernière scène du drame, sa fiancée le supplie de la tuer. Il refuse d'abord mais, au moment où elle s'éloigne, décidée au suicide, il s'écrie : « Arrête ! qu'oses-tu faire ? la fiancée de Moor mourra de la main de Moor ».

Et quand les brigands, étonnés, lui crient : « Capitaine ! capitaine ! qu'as-tu fait ? es-tu devenu fou ? » - il regarde d'un oeil fixe le cadavre, et répond : « Je l'ai blessée au cœur... Une convulsion et tout est dit ».

L'art dramatique italien a souvent tenté la représentation des criminels et je vais choisir rapidement, dans le nombre, ceux qui ont acquis une certaine célébrité et méritent à beaucoup d'égards de figurer dans ce rapprochement des données de l'art à celles de la science.

Mon concitoyen, Paolo Giacometti est l'auteur de « La mort civile » , drame attachant par la simplicité émouvante des épisodes et devenu fameux grâce au célèbre acteur Tommaso Salvini.

Laissons de côté la thèse du drame, très juste et encore pleine d'actualité en Italie (elle démontre l'absurdité de la loi qui déclare le mariage indissoluble et condamne la femme du galérien à une vie d'adultère ou de « religieuse sans vocation ») et occupons-nous seulement du protagoniste, Conrad.

Condamné aux travaux forcés pour meurtre, il a dû quitter sa jeune femme et une enfant d'un an, et il les retrouve toutes deux, lors de son évasion après treize ans de tortures, installées chez un noble et généreux ami auprès duquel elles ont trouvé l'hospitalité et l'affection d'un père.

La fille de l'évadé ne reconnaît pas son père : elle croit être orpheline de mère et fille du médecin, son protecteur. A sa première entrevue avec Conrad elle est effarouchée par l'ardente effusion de son amour paternel. - La femme du galérien reconnaît son mari, elle, et elle est prête à le suivre : mais il sent qu'elle laisserait son cœur dans la maison de son ami. Et frappé d'une désillusion cruelle, mais persuadé qu'il n'a pas le droit de créer la malheur de ces braves gens, Conrad songe à se supprimer. Il s'empoisonne - et au moment où l'obstacle vivant de sa personne va disparaître, il unit en mariage sa femme et le médecin, tandis que pour la première et dernière fois, sa fille lui donne le doux nom de père.

Un homicide si généreux, si altruiste, si sympathique au public ému ne peut être qu'un criminel par passion : tel, en effet, a voulu le peindre le dramaturge.

Il nous le représente sous les traits d'un Sicilien « à l'humeur capricieuse, au caractère violent et impétueux » qui éprouvant pour sa Rosalie un amour partagé veut l'épouser malgré ses parents.

51

Une nuit, il l'enlève et l'épouse, sans se soucier des conséquences de cet acte. - Ces conséquences, il les raconte lui-même :

« Jugez de la douleur qu'éprouvèrent les parents de Rosalie, de la haine qu'ils conçurent contre moi. Leurs sentiments étaient raisonnables, mais je ne le comprenais pas, alors. Le frère de ma femme, Alonzo, parvint à fléchir le courroux du père... envers elle. Le bon vieillard consentait à pardonner à sa fille et à la reprendre chez lui, à la condition qu'elle se séparerait de moi. Rosalie, devenue mère d'une charmante enfant, résista courageusement aux conseils, aux prières, aux menaces mêmes. On résolut de me la ravir à tout prix, et Alonzo se chargea d'exécuter ce beau projet. Mais un vieux domestique, qui avait favorisé la fuite de Rosalie, m'avertit de la chose. Une nuit - la nuit fatale qu'Alonzo avait destinée à l'enlèvement de sa sœur, - je l'attendis au coin de la rue. Je le vis venir de loin et m'avançai vers lui pour lui barrer le chemin ... Il aurait dû, pour notre tranquillité, revenir sur ses pas... Le malheureux eut l'imprudence de m'insulter : des insultes de cet homme, à pareille heure, en pareil lieu ! - Je brandis mon stylet : mes bras devinrent aussi raides que la lame. Au cris d'Alonzo, une fenêtre s'ouvrit et d'une voix terrifiée Rosalie me cria : « Conrad, respecte mon frère ! » - Ce mot acheva de me faire perdre la tête... une vision sanglante passa devant mes yeux... Je plongeai la lame dans le coeur d'Alonzo.

« Le crime à peine commis, la justice divine se chargea de le venger aussitôt, car je fus pris sur le fait. Mon procès fut court : les preuves ne manquaient pas ; les circonstances rendaient ma faute encore plus grave, parce que j'avais résisté aux agents, à main armée. Je fus condamné aux travaux forcés à perpétuité et renfermé dans un cachot, à Naples. »

Quelqu'un fait observer que les juges auraient dû adoucir la sentence (les jurés d'aujourd'hui n'y auraient pas manqué, et ils auraient été justes, dans ce cas), car, ajoute l'interlocuteur de Conrad, la faute était grave, sans doute, mais elle venait du tempérament et non du coeur. - C'est là une ébauche de distinction entre le crime du délinquant par passion et celui du criminel-né, et quoique cette distinction soit inexactement marquée ici, la phrase prouve qu'elle correspond même à l'intuition grossière de la conscience populaire.

Conrad reprend :« Il se peut, et en effet, je suis toujours le même : je n'ai pu changer ma nature. Treize ans de travaux forcés n'ont fait que surchauffer encore la lave qui brûle dans mes veines. Et vous pouvez imaginer les souffrances d'un homme tel que moi. Artiste, mari et père, jeté, à vingt-huit ans, sous le joug de fer des geôliers, parmi les habitués du cachot ! Mon imagination, ce don fatal, fatal pour moi, me peignait Rosalie isolée, méprisée, sans le sou... et jeune et belle ! c'est-à-dire contrainte à vivre du pain de l'aumône ou de celui du vice : m'entendez-vous ?

« Et quand, au bagne, la jalousie me faisait crier, le fouet du chef de chiourme frappait le mari au lieu de punir l'homicide.

« En outre, j'avais laissé ma fillette Ada, à l'âge d'un an, maigre et pâle comme un petit ange de cire. Je me la figurais, tantôt, étendue sur des fleurs et transportée au cimetière ; tantôt, en haillons, demandant l'aumône à côté de sa mère, ou bien, richement vêtue, gaie, sautillante, prodiguant les soins et l'affection d'une fille à l'amant de sa mère, dans une maison luxueuse... Et ce rêve effroyable me donnait le délire. »

Conrad est, en somme, encore un criminel par passion. Il ne s'éloigne pas de la vérité banale et superficielle, mais confirme une fois de plus l'accord complet des intuitions de l'art et des données positives de la science. D'ailleurs, si sa passion n'était pas excusable, il n'aurait pas obtenu, malgré l'actualité empoignante du sujet du drame, malgré même le génie de l'acteur qui le personnifiait, l'approbation enthousiaste du public, en Europe et en Amérique.

Cossa, dans son Néron a audacieusement et assez heureusement tenté de représenter un dégénéré supérieur. Il a démêlé les traits essentiels de ce type criminel, sous les velléités artistiques du sombre et cruel empereur romain, sous sa folie des grandeurs, ce délire césarien, fatal et inexorable aboutissant biologique des familles ayant longtemps gardé le monopole et pratiqué l'abus du pouvoir, de la richesse ou du génie [20].

Les associés de la Mafia : - En prison - Au cabaret - En progrès. - Cette trilogie d'un écrivain qui a été un acteur de talent, Rizzotto, nous présente une série de photographies du monde criminel plutôt que le portrait exact d'un ou de plusieurs délinquants, - et elle a bien mérité le succès qu'elle a obtenu.

A l'époque de l'insurrection de Palerme, en 1866, Rizzotto s'était trouvé en contact avec la Mafia, association dont les moeurs et les actes sont à peu près ceux de la Camorra napolitaine et que l'école

---

[20]   Jacoby, Études sur la sélection naturelle (Paris, 1880).

anthropologique criminelle a étudiée dans deux monographies d'Alongi (Turin, 1887).

La première partie de la trilogie, grâce à une description animée de la vie en commun dans la prison, a fait le tour triomphal de tous les théâtres italiens ; aussi Rizzotto eut-il l'idée de la compléter par les pièces, moins réussies, où il nous présente les Mafiusi au cabaret et - en progrès.

Son succès, très justifié, fut pourtant très éphémère. La nouveauté des sujets avait plu d'abord, mais les personnages mis en scène ne pouvaient pas amuser longtemps la curiosité publique, car ils ne s'élevaient pas au-dessus de la médiocrité incolore des microbes criminels et offraient moins d'intérêt que des êtres agités par une passion. - Et le malheureux Rizzotto, triste météore de l'art, était déjà presqu'oublié lorsqu'il mourut, dans une misère imméritée, en 1895.

L'heureuse Cavalleria rusticana de M. Verga est encore une reproduction de la vie populaire en Sicile ; c'est, pour ainsi dire, une photographie instantanée des tendances criminelles qui pullulent là-bas, par une déviation des énergies mal dirigées ou indomptées de la race. Cavalleria rusticana a passé du mince succès du conte aux triomphes d'un drame où se succèdent rapidement, en des scènes émouvantes, l'abandon de l'amoureuse, - l'adultère, - le duel meurtrier, - où un mari venge son honneur et un amant paie de sa vie la lâcheté de son abandon et ses bonnes fortunes, - où, enfin, les principaux personnages sont encore des criminels par passion.

Et le triomphe devint une apothéose universelle de l'art italien quand le génie de Mascagni eut prêté à ces passions, plus ou moins criminelles, la magique beauté de sa musique inspirée et nerveuse.

Ainsi les crimes passionnels sont de plus en plus en vogue au théâtre. Ils y sont parfois directement transplantés de la réalité : exemple, les « Paillasses » de M. Leon Cavallo, à tel point que le maëstro, auteur du livret et de la musique, accusé de plagiat par M. Catulle Mendès, put démontrer devant un tribunal qu'il avait tiré son sujet d'un drame, réellement vécu par des Siciliens.

Enrico Ferri,
Les criminels dans l'art et la littérature (3ᵉ édition), 1908.

V.

Le crime dans les romans et les drames judiciaires - Gaboriau et Sardou.

Émile Gaboriau a été l'inventeur d'un certain genre de romans judiciaires, très imités depuis, et fort à la mode il y a quelques années. Les feuilletons des journaux et les cabinets de lecture avaient trouvé là une riche veine d'émotions artistiques à exploiter dans le gros public.

Dans ces sortes d'ouvrages, le criminel est presque toujours relégué au second plan : il y figure comme un accessoire, un mannequin nécessaire à la représentation d'un crime mystérieux, car le véritable protagoniste est la police, l'agent adroit et génial et subtilement logique, possédant un flair exquis pour découvrir un criminel, parmi les indices vagues, insignifiants en apparence.

Une laborieuse instruction judiciaire excite l'attention du lecteur en le maintenant suspendu entre deux émotions différentes : d'une part, la fine clairvoyance d'un agent acharné à la recherche d'un coupable, d'autre part, la persécution douloureuse d'un innocent jeté, par la fausse manœuvre d'un syllogisme initial, dans l'inexorable engrenage d'un procès criminel.

Le canevas est presque toujours le même : la police découvre un crime et un des agents, plus avisé que les autres, au lieu de juger selon l'apparence et la vraisemblance arrive, par induction, à trouver une piste sûre. Alors, grâce aux indices révélateurs qui échappent à la critique superficielle de ses collègues, il parvient, à travers les méandres tortueux de la vérité, à mettre la main sur le coupable.

Voici comment Émile Gaboriau dans son « Procès Lerouge » fait raconter par Tabaret, le policeman volontaire, les origines de sa vocation :

« En lisant les mémoires des policiers célèbres, attachants à l'égal des fables les mieux ourdies, je m'enthousiasmais pour ces hommes au flair subtil, plus déliés que la soie, souples comme l'acier, pénétrants et rusés, fertiles en ressources inattendues, qui suivent le crime à la piste, le code à la main, à travers les broussailles de la légalité, comme les sauvages de Cooper poursuivent leur ennemi au milieu des forêts de l'Amérique. L'envie me prit d'être un rouage de l'admirable machine, de devenir aussi, moi, une providence au petit pied, aidant à la punition du crime et au triomphe de l'innocence. Je m'essayai, et il se trouve que je ne suis pas trop impropre au métier.

- Et il vous plaît ?

« Je lui dois, Monsieur, mes plus vives jouissances. Adieu l'ennui ! Depuis que j'ai abandonné la poursuite du bouquin pour celle de mon semblable. Ah ! c'est une belle chose ! Je hausse les épaules quand je vois un jobard payer 25 francs le droit de tirer un lièvre. La belle prise ! Parlez-moi de la chasse à l'homme ! Celle-là, au moins, met toutes les facultés en jeu, et la victoire n'est pas sans gloire. Là, le gibier vaut le chasseur ; il a comme lui l'intelligence, la force et la ruse, les armes sont presque égales. Ah ! si on connaissait les émotions de ces parties de cache-cache qui se jouent entre le criminel et l'agent de la sûreté, tout le monde irait demander du service rue de Jérusalem. - Le malheur est que l'art se perd et se rapetisse. Les beaux crimes deviennent rares. La race forte des scélérats sans peur a fait place à la tourbe de nos filous vulgaires. Les quelques coquins qui ont parler d'eux de loin en loin sont aussi bêtes que lâches. Ils signent leur crime et ont soin de laisser traîner leur carte de visite. Il n'y a nul mérite à les pincer. Le coup constaté, on n'a qu'à aller les arrêter tout droit. »

Cette dernière observation est vraiment exacte : elle peut s'appliquer du moins aux catégories les plus nombreuses de criminels dont j'ai rappelé, à propos de Macbeth, ce caractère constant de leur nature psychologique : une phénoménale imprévoyance à laisser partout des traces de leurs crimes.

Il est encore plus vrai de dire que, dans les pays civilisés, les crimes de fraude se substituent chaque jour davantage aux crimes de violence, car, suivant une évolution fatale, la lutte pour l'existence devient de plus en plus intellectuelle et les formes anormales de cette lutte sont toujours intimement liées à ses manifestations normales.

Gaboriau avait, du reste, observé de près le monde criminel. S'il décrit surtout des manœuvres policières, il lui arrive de faire aussi des remarques justes sur les délinquants.

Outre leur imprévoyance caractéristique, il a noté, dans Monsieur Lecoq certaines des conditions dans lesquelles ils se suicident. Ses remarques à ce sujet sont parfaitement d'accord avec les données de la science, telles que nous les avons rappelées à propos du suicide d'Othello.

Monsieur Lecoq est une sorte de duel de finesse et de pénétration entre le fameux agent Lecoq et le duc de Saimense. Ce dernier, surpris en flagrant délit d'homicide dans un cabaret borgne, se fait passer pour le saltimbanque Maggio et, grâce au concours d'un domestique adroit et dévoué, il échappe aux griffes de la police. Son sang-froid intelligent et énergique contraste artistiquement avec la claire logique de Monsieur Lecoq. Or, dans un moment de découragement, le mystérieux assassin tente de se suicider et Gaboriau fait à ce sujet cette remarque très exacte :

« Les malfaiteurs par habitude n'attentent pas à leur vie. Arrêtés en flagrant délit, les uns sont pris d'une exaltation folle et ont une crise de nerfs ; d'autres tombent dans une léthargie stupide, celle d'une bête féroce qui, bien repue, s'endort les lèvres dégouttantes de sang, mais aucun d'eux ne songe à se suicider. Ils s'efforcent tous de sauver leur peau, pour compromise qu'elle soit.

« Tandis qu'un malheureux qui s'est laissé entraîner au crime dans un moment d'aveuglement, essaie presque toujours d'échapper par une mort violente aux conséquences de son méfait.

« Ainsi, la tentative de suicide du meurtrier était une forte présomption en faveur des théories de Lecoq... », lequel soutenait que le meurtrier était un personnage et non pas un vulgaire assassin malgré ses haillons, sa tenue et le lieu excentrique où le crime avait été commis.

Ces ouvrages présentaient et présentent encore, tout d'abord, un grand intérêt : mais ils se répètent. Leur donnée ingénieuse est presque toujours la même, et le public s'en est lassé parce qu'ils ne contiennent pas une analyse et une représentation véritables des passions criminelles. Leur vogue a passé, comme celle des Mafiusi de Rizzotto.

Et cependant, ces romans donnent une idée, sinon très fidèle tout au moins approximative, des manœuvres de la police et des coulisses des tribunaux, dans les pays où des honoraires élevés assurent une bonne administration judiciaire, où les juges d'instruction et les agents de police ne font pas automatiquement leur travail quotidien, ne laissent pas, comme en Italie 60 0/0 des délits impunis, mais remplissent leur charge dangereuse et difficile avec une véritable passion, soit qu'ils lui trouvent un attrait spécial ou qu'ils pensent à ses larges profits.

Car on n'ignore pas que beaucoup sont tentés par l'appât du gain à découvrir des criminels dangereux, dans les pays anglo-saxons. Les détectives n'y sont pas toujours sous la dépendance directe du gouvernement ; ils sont parfois employés par des particuliers ou des agences privées. La célèbre Pinkerton Agence, à Chicago, a fait dans la vie réelle des découvertes tout aussi extraordinaires que les romans de Gaboriau et son propriétaire William Pinkerton va, dit-on, publier un compte-rendu documenté de son administration [21].

Voici comment s'ouvre le roman judiciaire dans le Procès Lerouge : la mise en scène est d'ailleurs à peu près la même dans tous les romans de Gaboriau.

La veuve Lerouge, femme aux allures mystérieuses et demeurant toute seule à Bougival, a été assassinée. Le juge d'instruction ne parvenant pas à trouver le fil conducteur qui doit le guider dans la découverte du meurtrier, envoie chercher M. Tabaret afin qu'il l'aide, en sa qualité de détective amateur, à rechercher et interpréter des indices sûrs.

Gaboriau raconte l'entrée en scène de Tabaret et expose ainsi sa logique probante, véritablement fine et géniale :

---

[21] On en peut voir un extrait dans la Revue des Revues, du 15 mars 1895 : Le vol de l'express de Rock Island, d'après les archives de l'agence privée William Pinkerton, de Chicago.

« Le père Tabaret, dit Tirauclair, salua, dès la porte, jusqu'à terre, arrondissant en arc sa vieille échine. C'est de la voix la plus humble qu'il demanda :

- M. le juge d'instruction a daigné me faire demander ?

- Oui répondit M. Daburon. Et tout bas il se disait : Si celui-là est un habile homme, en tous cas il n'y paraît guère à sa mine.

- Me voici, continua le bonhomme, tout à la disposition de la justice.

- Il s'agit de voir, reprit le juge si, plus heureux que nous, vous parviendrez à saisir quelque indice qui puisse vous mettre sur la trace de l'assassin. On va vous expliquer l'affaire.

- Oh ! j'en sais assez, interrompit le père Tabaret. Lecoq m'a dit la chose en gros, le long de la route, juste ce qui m'est nécessaire.

- Cependant, commença le commissaire de police.

- Que M. le juge se fie à moi. J'aime à procéder sans renseignements, afin d'être plus maître de mes impressions. Quand on connaît l'opinion d'autrui, malgré soi on se laisse influencer, de sorte que ... je vais toujours commencer mes recherches avec Lecoq.

Lecoq, devenu le héros d'un autre roman de Gaboriau est le type proverbial de l'agent de police adroit et madré.

« A mesure que le bonhomme parlait son petit oeil gris s'allumait et brillait comme une escarboucle. Sa physionomie reflétait une jubilation intérieure et ses rides semblaient rire. Sa taille s'était redressée, et c'est d'un pas presque leste qu'il s'élança dans la seconde chambre.

« Il y resta une demi-heure environ, puis il sortit en courant. Il y revint, ressortit encore, reparut de nouveau et s'éloigna presque aussitôt. Le juge ne pouvait s'empêcher de remarquer en lui cette sollicitude inquiète et remuante du chien qui quête. Son nez en trompette lui-même remuait, comme pour aspirer quelque émanation subtile de l'assassin. Tout en allant et venant, il parlait haut et gesticulait, il s'apostrophait, se disait des injures, poussait de petits cris de triomphe ou s'encourageait. Il ne laissait pas une seconde de paix à Lecoq. Il lui fallait ceci ou cela, ou telle autre chose. Il

59

demandait du papier et un crayon, puis il voulait une bêche. Il criait pour avoir tout de suite du plâtre, de l'eau et une bouteille d'huile.

« Après plus d'une heure, le juge d'instruction, qui commençait à s'impatienter, s'informa de ce que devenait son volontaire : - Il est sur la route, répondit le brigadier, couché à plat vendre dans la boue et il gâche du plâtre dans une assiette. Il dit qu'il a presque fini et qu'il va revenir.

« Il revint en effet presque aussitôt, joyeux, triomphant, rajeuni de vingt ans. Lecoq le suivait, portant avec mille précautions un grand panier.

« Je tiens la chose, dit-il au juge d'instruction, complètement. C'est tiré au clair maintenant et c'est simple comme bonjour. Lecoq, mets le panier sur la table, mon garçon.

« Gévrol, lui aussi, revenait d'expédition non moins satisfait.

- Je suis sur la trace de l'homme aux boucles d'oreilles, dit-il. Le bateau descendait. J'ai le signalement exact du patron Gervais.

- Parlez, M. Tabaret, dit le juge d'instruction.

« Le bonhomme avait vidé sur une table le contenu du panier, une grosse motte de terre glaise, plusieurs grandes feuilles de papier et trois ou quatre petits morceaux de plâtre encore humide. Debout devant cette table, il était presque grotesque, ressemblant fort à ces messieurs qui, sur les places publiques escamotent des muscades et les sous du public. Sa toilette avait singulièrement souffert. Il était crotté jusqu'à l'échine.

- Je commence, dit-il, enfin d'un ton vaniteusement modeste. Le vol n'est pour rien dans le crime qui nous occupe.

- Non, au contraire ! murmura Gévrol.

- Je le prouverai, poursuivit le père Tabaret, par l'évidence. Je dirai aussi mon humble avis sur le mobile de l'assassinat, mais plus tard. Donc, l'assassin est arrivé ici avant neuf heures et demie, c'est-à-dire avant la pluie. Pas plus que M. Gévrol je n'ai trouvé d'empreintes boueuses mais, sous la table, à l'endroit où se sont posés les pieds de l'assassin, j'ai relevé des traces de poussière. Nous voilà donc fixés quant à l'heure. La veuve Lerouge n'attendait nullement celui qui est venu. Elle avait commencé à se déshabiller et était en train de remonter son coucou, lorsque cette personne a frappé.

- Voilà des détails ! fit le commissaire.

- Ils sont faciles à constater, reprit l'agent volontaire : examinez ce coucou, au-dessus du secrétaire. Il est de ceux qui marchent quatorze à quinze heures, pas davantage, je m'en suis assuré. Or, il est plus que probable, il est certain que la veuve le remontait le soir avant de se mettre au lit.

« Comment donc se fait-il que ce coucou soit arrêté sur cinq heures ? C'est qu'elle y a touché. C'est qu'elle commençait à tirer la chaîne quand on a frappé. À l'appui de ce que j'avance, je montre cette chaise au-dessous du coucou, et sur l'étoffe de cette chaise la marque fort visible d'un pied. Puis, regardez le costume de la victime : le corsage de la robe est retiré. Pour ouvrir plus vite, elle ne l'a pas remis, elle a bien vite avisé ce vieux châle sur ses épaules.

- Cristi ! exclama le brigadier, évidemment empoigné.

- La veuve, continua le bonhomme, connaissait celui qui frappait. Son empressement à ouvrir le fait soupçonner, la suite le prouve. L'assassin a donc été admis sans difficultés. C'est un homme encore jeune, d'une taille un peu au-dessus de la moyenne, élégamment vêtu. Il portait, ce soir-là, un chapeau à haute forme, il avait un parapluie et fûmait un trabucos avec un porte-cigare.

- Par exemple ! s'écria Gévrol, c'est trop fort !

- Trop fort, peut-être, riposta le père Tabaret, en tous cas, c'est la vérité. Si vous n'êtes pas minutieux, vous, je n'y puis rien, mais je le suis, moi. Je cherche et je trouve. Ah ! c'est trop fort ! dites-vous. Eh bien ! daignez jeter un regard sur ces morceaux de plâtre humide. Ils vous représentent les talons des bottes de l'assassin dont j'ai trouvé le moule d'une netteté magnifique près du fossé où on a aperçu la clé. Sur ces feuilles de papier j'ai calqué l'empreinte entière du pied que je ne pouvais relever, car elle se trouve sur du sable.

« Regardez : talon haut, cambrure prononcée, semelle petite et étroite, chaussure d'élégant à pied soigné, bien évidemment. Cherchez-la, cette empreinte, tout le long du chemin, vous la rencontrerez deux fois encore. Puis vous la trouverez répétée cinq fois dans le jardin où personne n'a pénétré. Ce qui prouve, entre parenthèses, que l'assassin a frappé non à la porte, mais au volet sous

61

lequel passait un filet de lumière. A l'entrée du jardin, mon homme a sauté pour éviter un carré planté, la pointe du pied plus enfoncée l'annonce. Il a franchi sans peine près de deux mètres ; donc il est leste, c'est-à-dire jeune.

« Le père Tabaret parlait d'une petite voix claire et tranchante et son oeil allait de l'un à l'autre de ses auditeurs, guettant leurs impressions.

- Est-ce le chapeau qui vous étonne, monsieur Gévrol ? poursuivait le père Tabaret ; considérez le cercle parfait tracé sur le marbre du secrétaire, qui était un peu poussiéreux. Est-ce parce que j'ai fixé la taille que vous êtes surpris ? Prenez la peine d'examiner le dessus des armoires et vous reconnaîtrez que l'assassin y a promené ses mains. Donc il est bien plus grand que moi. Et ne dites pas qu'il est monté sur une chaise car, en ce cas, il aurait vu et n'aurait point été obligé de toucher. Seriez-vous stupéfait du parapluie ? Cette motte de terre garde une empreinte admirable non seulement du bout, mais encore de la rondelle de bois qui retient l'étoffe. Est-ce le cigare qui vous confond ? Voici le bout de trabucos que j'ai recueilli dans les cendres. L'extrémité est-elle mordillée, a-t-elle été mouillée par la salive ? Non. Donc celui qui fumait se servait d'un porte-cigare.

« Lecoq dissimulait mal une admiration enthousiaste ; sans bruit, il choquait ses mains l'une contre l'autre. Le commissaire semblait stupéfait, le juge avait l'air ravi. Par contre, la mine de Gévrol s'allongeait sensiblement. Quant au brigadier, il se cristallisait.

- Maintenant, reprit le bonhomme, écoutez-moi bien. Voici donc le jeune homme introduit. Comment a-t-il expliqué sa présence à cette heure, je ne le sais. Ce qui est sûr, c'est qu'il a dit à la veuve Lerouge qu'il n'avait pas dîné. La brave femme a été ravie, et tout aussitôt s'est occupée de préparer un repas. Ce repas n'était point pour elle.

« Dans l'armoire, j'ai retrouvé les débris de son dîner. Elle avait mangé du poisson, l'autopsie le prouvera. Du reste, vous le voyez, il n'y a qu'un verre sur la table et un seul couteau. Mais quel est ce jeune homme ? Il est certain que la veuve le considérait comme bien au-dessus d'elle. Dans le placard est une nappe encore propre. S'en est-elle servie ? Non. Pour son hôte elle a sorti du linge blanc et son plus beau. Elle lui destinait ce verre magnifique, un présent sans doute. Enfin, il est clair qu'elle ne se servait pas ordinairement de ce couteau à manche d'ivoire.

- Tout cela est précis, murmurait le juge, très précis.

- Voilà donc le jeune homme assis. Il a commencé par boire un verre de vin tandis que la veuve mettait sa poêle sur le feu. Puis, le cœur lui manquant, il a demandé de l'eau-de-vie et en a bu la valeur de cinq petits verres. Après une lutte intérieure de dix minutes (il a fallu ce temps pour cuire le jambon et les oeufs au point où ils le sont) le jeune homme s'est levé, s'est approché de la veuve alors accroupie et penchée en avant et lui a donné deux coups dans le dos. Elle n'est pas morte instantanément. Elle s'est redressée à demi, se cramponnant aux mains de l'assassin. Lui, alors, s'étant reculé, l'a soulevée brusquement et l'a rejetée dans la position où vous la voyez.

Cette courte lutte est indiquée par la posture du cadavre accroupie et frappée dans le dos, c'est sur le dos qu'elle devait tomber. Le meurtrier s'est servi d'une arme aiguë et fine qui doit être, si je ne m'abuse, un bout de fleuret démoucheté et aiguisé. En essuyant son arme au jupon de la victime il nous a laissé cette indication. Il n'a pas d'ailleurs été marqué dans la lutte. La victime s'est bien cramponnée à ses mains, mais comme il n'avait pas quitté ses gants gris...

- Mais c'est du roman ! exclama Gévrol.

- Avez-vous visité les ongles de la veuve Lerouge, M. le chef de sûreté ? Non. Eh bien ? allez les inspecter, vous me direz si je me trompe. Donc, voici la femme morte. Que veut l'assassin ? De l'argent, des valeurs ? Non, non, cent fois non ! Ce qu'il veut, ce qu'il cherche, ce qu'il lui faut, ce sont des papiers qu'il sait en la possession de la victime. Pour les avoir, il bouleverse tout, il renverse les armoires, déplie le linge, défonce le secrétaire dont il n'a pas la clé et vide la paillasse.

Enfin il les trouve. Et savez-vous ce qu'il en fait, de ces papiers ? il les brûle, non dans la cheminée, mais dans le petit poêle de la première pièce. Son but est rempli désormais. Que va-t-il faire ? Fuir en emportant tout ce qu'il trouve de précieux pour dérouter les recherches et indiquer un vol. Ayant fait main basse sur tout, il l'enveloppe dans la serviette dont il devait se servir pour dîner et, soufflant la bougie, il s'enfuit, ferme la porte en dehors et jette la clé dans un fossé.... Et voilà.....

- Monsieur Tabaret, fit le juge, votre enquête est admirable et je suis persuadé que vous êtes dans le vrai.

- Hein ! s'écria Lecoq, est-il assez colossal, mon papa Tirauclair !

- Pyramidal ! renchérit ironiquement Gévrol. Je pense seulement que ce jeune homme très bien devait être un peu gêné par un paquet enveloppé dans une serviette blanche et qui devait se voir de fort loin.

- Aussi ne l'a-t-il pas emporté à cent lieues, répondit le père Tabaret ; vous comprenez que pour gagner la station du chemin de fer il n'a pas eu la bêtise de prendre l'omnibus américain. Il s'y est rendu à pied, par la route plus courte du bord de l'eau. Or, en arrivant à la Seine, à moins qu'il ne soit bien plus fort encore que je ne le suppose, son premier soin a été d'y jeter ce paquet indiscret.

- Croyez-vous papa Tirauclair ? demanda Gévrol.

- Je le parierais, et la preuve c'est que j'ai envoyé trois hommes, sous la surveillance d'un gendarme, pour fouiller la Seine, à l'endroit le plus rapproché d'ici. S'ils retrouvent le paquet, je leur ai promis une récompense.

- De votre poche vieux passionné ?

- Oui, monsieur Gévrol, de ma poche.

« Un gendarme entra sur ces mots.

- Voici, dit-il en présentant une serviette mouillée renfermant de l'argenterie, de l'argent et des bijoux, ce que les hommes ont trouvé. Ils réclament cent francs qu'on leur a promis.

« Le père Tabaret sortit de son portefeuille un billet de banque qu'il remit au gendarme.

- Maintenant, demanda-t-il en écrasant Gévrol d'un regard superbe, que pense M. le juge d'instruction ?

- Je crois que grâce à votre pénétration remarquable nous aboutirons et...

« Il n'acheva pas. Le médecin mandé pour l'autopsie de la victime se présentait. Le docteur, sa répugnante besogne achevée, ne put que confirmer les assertions et les conjectures du père Tabaret. Ainsi il expliquait comme le bonhomme la position du cadavre. A son avis aussi, il devait y avoir eu lutte. Même, autour du cou de la victime il fit remarquer un cercle bleuâtre à peine perceptible produit vraisemblablement par une étreinte suprême du meurtrier. Enfin il déclara que la veuve Lerouge avait mangé trois heures environ avant d'être frappée.

« Il ne restait plus qu'à rassembler quelques pièces de onviction recueillies, qui plus tard pouvaient servir à confondre le coupable.

« Le père Tabaret visita avec un soin extrême les ongles de la morte, et avec des précautions infinies il put en extraire les quelques éraillures de peau qui s'y étaient logées. Le plus grand de ces débris de gant n'avait pas deux millimètres ; cependant on distinguait très aisément la couleur. Il mit aussi de côté le morceau de jupon où l'assassin avait essuyé son arme. C'était, avec le paquet retrouvé dans la Seine et les diverses empreintes relevées par le bonhomme, tout ce que le meurtrier avait laissé derrière lui.

« Ce n'était rien, mais ce rien était énorme aux yeux de M. Daburon et il avait bon espoir. Le plus grand écueil dans les instructions de crimes mystérieux est une erreur sur le mobile. Si les recherches prennent une fausse direction, elles vont s'écartant de plus en plus de la vérité à mesure qu'on les poursuit. Grâce au père Tabaret, le juge était à peu près certain de ne se point tromper. »

La suite du roman confirme l'hypothèse initiale de Tabaret. Une erreur judiciaire se glisse dans l'instruction du procès : Tabaret la pressent et l'évite et finit par découvrir le coupable. C'est un avocat, fils naturel du comte de Commarin qui, ruiné par une cocotte, a cru faire disparaître le secret de sa naissance illégitime et parvenir à s'emparer d'un patrimoine et d'un titre en assassinant sa vieille nourrice.

Les drames judiciaires nous présentent un genre analogue à celui de ces romans ; ils ont aussi pour sujet la découverte d'un délinquant, presque toujours un assassin, et excitent l'émotion en nous montrant une erreur judiciaire plus ou moins définitive et l'enchevêtrement des indices criminels aux épisodes d'une vie normale.

Le Ferréol, de M. Victorien Sardou est un des plus renommés de ces drames. Une accumulation de circonstances accusatrices accablent un homme auquel un engagement d'honneur interdit de révéler les preuves de son innocence ; mais cette innocence triomphe enfin, à la grande satisfaction du public anxieux et ému.

Ces sortes de drames, très fréquents surtout dans le répertoire des théâtres en plein vent, sont presque toujours tirés d'un feuilleton.

65

C'est-à-dire que l'analyse psychologique du criminel y est négligée et sacrifiée à la description des péripéties judiciaires plus ou moins intéressantes : aussi suffira-t-il d'avoir rappelé ici en passant cette variété de représentation artistique du crime, des luttes morales et des mécanismes qui tendent à le réprimer, car elle ne nous offre pas une véritable étude des criminels et nous y chercherions en vain l'alliance des intuitions de l'art aux données de la science positive.

Enrico Ferri,
Les criminels dans l'art et la littérature (3ᵉ édition), 1908.

VI.

Le dernier jour d'un condamné, par Victor Hugo, et la double exécution capitale que j'ai vue à Paris.

C'est un moment tragiquement pénible et suggestif pour l'étude du criminel, que celui d'une exécution capitale, mais cette scène tragique a rarement tenté la fantaisie des artistes. Il leur répugne sans doute d'arrêter leur attention et celle des autres sur cette façon féroce et barbare de faire justice - et sans doute aussi ils partagent l'erreur commune qui prête au criminel, en face de la potence ou de la guillotine, les sensations et les émotions d'un homme normal, celles que l'on ressent par auto-suggestion en se mettant à sa place.

Quelques dramaturges pourtant, Schiller dans sa Marie Stuart, Shelley dans sa Béatrice Cenci et, parmi nos contemporains M. Giacosa dans sa Dame de Challant et M. Sardou dans sa Tosca ont essayé la description de l'agonie psychique des condamnés : mais ils se sont uniquement servi des données de la psychologie commune.

L'art s'occupe du crime, et non de sa punition, du criminel et non pas du condamné - que sa condamnation transforme en un numéro impersonnel du registre d'écrou.

Le génie de V. Hugo a été tenté par la grandeur des émotions, réelles ou supposées, chez le condamné à l'extrême supplice, passant tout d'un coup de la santé parfaite à la mort, et presque toujours à la fleur de l'âge : mais il lui a manqué le guide sûr d'une observation directe et positive de la vie criminelle.

Une autre fois, dans un puissant roman social : Les *Misérables,* Hugo a choisi pour héros un criminel : mais celui-là aussi est peint *de chic.* Et d'ailleurs Jean Valjean est un de ces hommes que les anthropologues criminalistes appellent pseudo-criminels. Aucun juge, en effet, comme le faisait très justement remarquer Franck dans sa *Philosophie du droit pénal* n'aurait condamné le héros des *Misérables* au cachot pour avoir volé un pain dans les conditions décrites par V. Hugo - car la loi écrite même n'exprimerait pas du mot vol cette action inspirée par la nécessité absolue de ne pas mourir de faim.

Les juristes reconnaissent cet *état de nécessité* et l'article 49 du Code pénal italien admet que le *droit à la vie* prime le *droit de propriété :* de sorte que dans ce cas spécial, une appropriation du bien d'autrui ne constitue pas un délit punissable.

Et justement parce que Jean Valjean n'est pas un mal-honnête homme, on s'explique ses actes d'héroïsme ou de pitié. Cet altruisme constant serait inadmissible chez un criminel et tout au moins fort rare même chez les gens honnêtes, vraiment honnêtes et non pas seulement tels par rapport aux articles du Code pénal.

Les quelques pages intitulées : Le *dernier jour d'un condamné,* très éloquentes et très artistiquement belles ne sont que superficiellement et extérieurement vraisemblables. Au point de vue psychologique, ce sont d'ingénieuses variations sur cette idée, issue de la fantaisie de l'auteur et non pas d'une observation expérimentale - que la guillotine est la constante, l'unique pensée du condamné à mort et chasse, jalouse, toute autre idée ou émotion de son esprit.

Or, cette idée est complètement fausse.

Dans les pays où la peine de mort est encore appliquée, les hommes qui sont conduits au dernier supplice - sans que les circonstances atténuantes d'un jury ou une grâce du chef de l'État aient substitué une forme chronique à la forme aiguë de la condamnation à mort - sont toujours des criminels-nés ou tout au moins des criminels fort redoutables. La rigueur de la loi et celle des juges n'arrivent pas à cette mesure extrême quand il s'agit des criminels par passion ou par occasion.

Ces condamnés sont donc toujours des hommes anormaux, soit que leur dégénérescence prenne dans le jugement erroné de la conscience publique le nom de faute ou celui de folie. Et l'anomalie qui les a conduits au crime produit en eux, en présence de la mort, des manifestations psychologiques bien différentes de celles que l'artiste ou le public peuvent imaginer.

Les psychologues criminalistes trouvent, en effet, dans les annales judiciaires de nombreux documents de l'apathie des homicides au moment de leur exécution. Cette apathie, que les inexperts appellent du courage, est une nouvelle preuve de l'insensibilité congénitale des criminels, une claire démonstration de leurs anomalies physiologiques et morales.

J'étudiais la psychologie de l'homicide quand, me trouvant à Paris pour le deuxième congrès international d'anthropologie criminelle, en 1889, j'appris que le matin du 17 août, à l'aube, on devait guillotiner deux des féroces « assassins d'Auteuil ». J'étais si absorbé par les discussions du congrès, si passionné pour mes études, que je résolus de sacrifier ma répugnance au désir, - ou plutôt au devoir - d'assister une fois au moins au terrible et atroce spectacle d'une exécution capitale. Et j'y fus, pour la première et la dernière fois de ma vie.

Aux formes atroces des exécutions capitales au Moyen âge, à la question, au tenaillement, au plomb fondu, à l'écartèlement, qui constituaient comme une émulation de férocité entre le juge et le malfaiteur, ont succédé dans ce dernier siècle des supplices plus ou moins rebutants : la potence, le garrot, la guillotine, et, aux États-Unis, l'électricité, depuis l'adoption d'une loi proposée par le député Elbridge T. Gerry. Là une machine spéciale a été essayée, en décembre 1888, en présence d'une commission, dans le célèbre laboratoire Edison. Cette machine a foudroyé des chiens, des bœufs, des chevaux, avant d'être appliquée à des condamnés. Seulement, le mécanisme qui met le corps en contact avec une dynamo Siemens à courants alternés demande de longs préparatifs : il faut, en effet, étroitement ligoter le condamné sur un fauteuil et lui mettre un casque.

Sans doute, la peine de mort étant admise - et je ne veux pas discuter ce point ici - le foudroiement par l'électricité paraît préférable à tous les modes d'exécution déjà adoptés et même à la proposition d'empoisonner le condamné, à son insu, pour lui épargner la torture de l'agonie psychique et pour éviter, si l'exécution est publique, l'atroce spectacle du sang répandu.

En Angleterre, on pend les condamnés à mort dans le secret de la prison et en présence d'un petit nombre de fonctionnaires et de journalistes. Mais une foule nombreuse, autour de la prison, attend l'apparition du drapeau noir indiquant que « justice *est faite* ».

En France, la loi ordonne que les exécutions soient publiques. Elles ont lieu sur la place comprise entre la *Grande Roquette où* sont enfermés les adultes et la *Petite Roquette,* maison de correction pour les mineurs.

En fait, le public ne voit pas grand'chose ; il est tenu à l'écart de la guillotine, laquelle est entourée de gardes à pied et à cheval. Une enceinte est réservée par un permis spécial, près de la porte de la *Grande Roquette,* à deux ou trois cents personnes, journalistes ou curieux. Ceux-là assistent d'assez près au long prologue fantastique et au rapide épilogue sanglant du drame de la punition ; mais ils ne savent rien de ce qui se passe à l'intérieur de la prison et ils attendent avec une impatience anxieuse le moment *où la* porte s'ouvre, où le condamné, le regard attiré et aussitôt repoussé par la lame, hissée à trente pas de distance, apparaît enfin sur le seuil.

Je désirais assister au réveil et à la préparation des condamnés et il n'était pas facile d'en obtenir la permission.

Mais, du garde des sceaux et du directeur général des prisons au dernier de leurs subalternes, toutes les personnes à même de satisfaire mon pénible désir firent preuve d'une exquise courtoisie. Aussi la veille de l'exécution à six heures de l'après-midi, le directeur général me présentait-il, dans son cabinet, au directeur de la Grande Roquette, M. Beauquesne qui m'invitait à « le suivre comme son ombre, dans les cellules des condamnés ». On avait dû télégraphier et téléphoner à mon intention pendant toute une demi-journée pour en arriver là.

Nous étions invités pour le soir même à une soirée où j'aurais pu voir Edison et lui parler ; et mon ami, M. Lombroso, m'a dit depuis que le célèbre Américain a la physionomie d'un homme de génie, assez proche de la dégénérescence, comme le démontre sa complète et incurable surdité, symptôme d'anomalies nerveuses centrales.

Seulement, en bon positiviste, je renonçai à ma soirée et demandai au sommeil de donner du ton à mes nerfs et de les mettre à même d'éprouver, quelques heures plus tard, de terribles secousses. Je devais en effet passer par des émotions si poignantes, que je les ressens encore à cette heure en évoquant le souvenir de ce terrible drame humain.

Un inspecteur de police, mis à ma disposition, vient me réveiller à minuit : nous partons, après avoir absorbé une bonne dose de café et nous dirigeons vers la Roquette. Plus nous nous éloignons du centre de Paris, plus les groupes deviennent nombreux. Des escouades d'agents se dirigent en silence vers le même but que nous.

Aucun journal n'avait annoncé la chose pour ce matin-là : mais la nouvelle ne s'en était pas moins répandue, par une sorte de courant psychologique, dans toute la ville où elle était attendue avec impatience. Car le crime d'Auteuil avait eu un grand retentissement ; l'on comptait sur une triple exécution ; en tous cas, une double exécution même est un spectacle rare. On croyait aussi qu'un des deux assassins assisterait au supplice de l'autre.

Cette torture fut, sur un ordre du gouvernement, épargnée au plus féroce des deux assassins, au manchot Sellier. Et un des trois condamnés, le nommé Mécrant, avait été gracié. Il s'était pourtant montré le plus pervers des quatre meurtriers - au dire de l'inspecteur - le plus acharné à tourmenter leur victime : « D'ailleurs, ajoutait-il, dans les bandes criminelles, les mineurs sont presque toujours plus féroces que leurs complices, parce qu'ils sont sûrs de ne pas risquer leur tête ».

Ils avaient pénétré à quatre, une nuit de printemps, dans une maison d'Auteuil qu'ils croyaient inhabitée. Après l'avoir pillée ils redescendaient l'escalier, quand ils aperçurent dans la loge du concierge un jeune homme couché et recroquevillé de peur sous ses couvertures. Ce jeune homme, jardinier de son état, ne les connaissait pas sans doute : ils n'avaient rien à craindre de lui. Mais ils décidèrent de le tuer et ils le firent avec une férocité de sauvages. Suivant un conseil de Mécrant, ils le terrifièrent d'abord par des scènes et des cris de Hurons, puis le criblèrent de coups de poignard avant de l'étrangler.

Ils sortirent de là, à l'aube, et sans songer - grâce à l'habituelle imprévoyance des criminels - à dissimuler leur volumineux butin qui devait tout au moins les dénoncer comme voleurs. Aussi les premiers agents de police qu'ils rencontrèrent se mirent-ils en devoir de les arrêter. Ils résistèrent, mais l'un d'eux fut pris et ne tarda pas à dénoncer ses complices.

Leur procès avait été rapidement instruit et ils avaient comparu en cour d'assises à la fin de juin. Ils y avaient fait preuve d'un cynisme horrible dans le récit des tortures infligées à leur malheureuse victime. Indifférents à tout, ils s'étaient accusés réciproquement, n'atténuant leurs délations qu'en faveur du nommé Catelain avec qui ils avaient eu des rapports innommables : aussi, quoique récidiviste, celui-là avait obtenu des circonstances atténuantes et avait été condamné à vingt ans de déportation.

Contre les trois autres, des récidivistes aussi, on avait prononcé la peine de mort. Deux d'entre eux, Allorto, sujet italien (26 ans) et Sellier (30 ans), étaient de véritables prototypes de criminels ; le troisième, qui appartenait à une famille aisée et avait vingt ans à peine, le nommé Mécrant, était un simple dégénéré plutôt qu'un délinquant par instinct.

Je les juge tels, non pas seulement d'après leur crime et les comptes-rendus du procès mais aussi d'après leurs photographies, don de la préfecture de police. On sait, en effet, que M. Bertillon dirige à Paris un excellent service d'identification anthropométrique et photographique des gens saisis par la police dans la grande ville et c'est lui qui m'avait fait le don amical des portraits des quatre assassins.

J'allais donc voir mourir Allorto et Sellier, condamnés depuis plus de quarante jours sans avoir pu obtenir leur grâce dans l'intervalle.

Nous étions place de la Roquette à une heure du matin et l'exécution devait avoir lieu à l'aube, officiellement fixée ce jour-là à 4 h. 55 m. En attendant la guillotine, qui devait arriver après 2 heures nous allâmes, mon ange gardien et moi, nous mêler à la foule déjà très nombreuse sur la place et dans les rues avoisinantes.

Cette foule était surtout composée de gens appartenant à la catégorie des deux condamnés à mort : mon compagnon m'y signalait à tout moment un récidiviste de sa connaissance ou un souteneur à la caractéristique casquette noire.

Elle contenait aussi beaucoup de femmes dont les physionomies, non moins repoussantes que celles de leurs acolytes, portaient les stigmates de la plus vile dégénérescence physique et morale.

La répugnante gaîté de cette plèbe, ses gestes cyniques, ses propos atroces, furent pour moi le prélude navrant de l'horrible spectacle.

Presque toutes les conversations roulaient sur l'attitude des condamnés à mort en présence de la guillotine, et on traitait de courage l'insensibilité dont font preuve les pires délinquants. Pranzini était, pour ces habitués, l'objet d'une admiration sauvage : on rappelait son air froid et tranquille, son apparente impassibilité ; on le

73

comparait à Prado, à Géomay, à Marchandon, à d'autres encore, plus récemment guillotinés.

Et entre deux accès d'un rire bestial, dans un argot souvent inintelligible pour moi, mais bien connu de mon compagnon, on faisait des prédictions et des paris sur la tenue probable d'Allorto et de Sellier. Beaucoup prévirent la vérité : Sellier, le plus féroce des quatre assassins, devait aussi se montrer le plus cynique en face de la mort.

Dans l'enceinte des invités, si la forme était moins brutale, le fonds des discours était le même et prouvait, une fois de plus, l'immoralité de ces sortes de spectacles. Je n'ai pas entendu un mot, un seul mot, dans cette foule, en faveur ou en souvenir de la victime.

Et moi, je ne pensais qu'à elle : le souvenir de mes études n'aurait pas suffi à me retenir jusqu'au bout. Mais l'idée de sa terreur, de son épouvantable martyre, m'a servi d'antidote efficace contre l'émotion fiévreuse à laquelle j'étais en proie et m'a seule empêché de fuir malgré mes frissons et mes palpitations violentes.

À deux heures, escortés par des gendarmes à cheval, arrivent devant la Grande Roquette les deux lourds chariots noirs qui portent la guillotine démontée et « Monsieur de Paris » et ses aides. Ils sont tous en redingote et coiffés de chapeaux hauts de forme.

C'est la première distraction donnée à la foule. La scène est fantastique.

Dans la belle nuit parsemée d'étoiles, où passe une brise réconfortante, le transport et le montage des pièces de la guillotine semblent particulièrement lugubres. Cette besogne est faite en silence et sans autre bruit que quelques rares coups de marteau, et l'on voit les aides, à des intervalles irréguliers, à la lueur d'une lanterne qui n'ajoute pas beaucoup de lumière aux pâles reflets du gaz sur la machine funèbre.

La guillotine qui, par parenthèses, existait bien avant le docteur Guillotin (on en peut voir un modèle dans un livre de Bocchi : *Symbolicarum quaestionum,* Bologne, 1573), avait jadis trois marches sous l'échancrure où s'appuie, un instant, le cou du condamné. Ces marches ont été supprimées. Elle se compose aujourd'hui de trois pièces rectangulaires, de la largeur d'un mètre à peu près et de trois mètres de longueur, formées chacune de quatre grosses poutres carrées.

Deux de ces pièces, disposées en croix, sont fixées à terre par de grosses pierres, préparées tout exprès dans le pavé. La troisième s'élève verticalement au-dessus de cette base et porte à son extrémité supérieure, à trois mètres du sol, le couteau triangulaire et *opaque*. J'ai vu M. Deibler extraire ce couteau d'un étui de velours avec des précautions infinies.

Le couteau est retenu là-haut par un ressort. On le fait tomber en tirant une corde. Il glisse, avec un bruit sourd , le long des rainures des deux poutres, et on le relève au moyen d'une autre corde.

En face de la guillotine, du côté de la prison et à un mètre de distance du couteau sont dressées deux autres poutres parallèles, mais plus courtes et moins grosses entre lesquelles est fixée et peut basculer une planche de la largeur d'un mètre et de la hauteur d'un homme.

Dans une rapide série d'actes méthodiques, le condamné, à sa sortie du cachot, est amené devant cette planche. Sa tête est abaissée de force par un aide, ses jambes relevées par un autre et un brusque mouvement de bascule l'étend sur la planche de façon que sa tête porte au-dessous du couteau. Le bourreau s'assure qu'elle   est exactement enchâssée dans l'ouverture..., et il tire la corde.

Tout cela m'a été expliqué par l'inspecteur, pendant qu'on montait la guillotine. Pour moi, j'ai vu confusément, deux heures plus tard, une série d'actes très rapides ...et une lame ensanglantée.

Encore un détail : je n'en veux omettre aucun. Un panier sans couvercle est posé par terre, juste au-dessous du couteau : pendant un instant, me disait l'inspecteur, le second des condamnés y verra la tête coupée de son complice. A côté de la guillotine, un autre grand panier, mais couvert, celui-là, attend le corps du supplicié.

À trois heures et demie, une heure avant le réveil des deux criminels, la guillotine était dressée.

À ce moment, nous entrâmes dans le cachot où ne tardèrent pas à nous rejoindre deux prêtres et deux employés supérieurs du ministère de la justice.

J'ai vu là, pour la première et, je l'espère la dernière fois de ma vie, l'agonie subite de deux hommes, dont l'un était comme mort avant d'avoir la tête tranchée.

Tous les détails de cette scène silencieuse sont encore présents à mon esprit. Je revois les couloirs de la prison déserte et, dans le décor presque fantastique, éclairé par la lumière incertaine de l'aube, ces deux êtres, l'un terrifié, l'autre cynique, que pendant un instant et comme dans un rêve j'ai accompagnés de leur dernier réveil à la mort.

En attendant l'appel du directeur, je m'arrêtai un moment chez le concierge et me fis raconter l'histoire des derniers jours des condamnés.

Sellier, me dit cet homme, n'avait rien perdu de sa bonne humeur. Il fumait chaque jour cinq sous de tabac, jouait aux cartes et plaisantait depuis une semaine sur sa dernière journée. Comme il était plusieurs fois récidiviste, il ne s'était jamais fait d'illusions sur son sort. Je tenais déjà de M. Bertillon que lorsqu'on le lui avait amené, au bureau des relevés anthropométriques, Sellier avait fait en souriant un geste très significatif, autour de son cou, pendant qu'on lui mesurait la tête : il était sûr de son affaire.

« Il est excessivement fort, me disait le gardien « et quoi qu'il lui manque l'avant-bras droit, il est terrible quand il se met en colère. C'est un farceur cynique et insensible. Il a fait venir ses parents, par jalousie de Mécrant, qui recevait de fréquentes visites de sa mère. Le père, un brave homme de paysan, s'est mis à pleurer et s'est presque évanoui en le revoyant : la mère s'est montrée plus forte » (et voilà qui confirme l'hérédité alternée d'un sexe à l'autre) - Sellier leur disait tout le temps : « C'est pas la peine de vous désoler comme « çà » - et il leur demandait des nouvelles de la campagne et de la récolte.

A partir du quarantième jour après sa condamnation, il avait cru chaque matin être réveillé pour la dernière fois, et une seule préoccupation le tenait (autre symptôme caractéristique) il aurait voulu savoir s'il aurait un compagnon de peine ou s'il mourrait seul.

Il racontait ses rêves à ses gardiens. Plusieurs fois il s'était vu déjà « fauché » et avec « un jardinet sur le ventre », il avait cru enfin avoir déjà « épousé la veuve ». Car, dit V. Hugo, la guillotine est pour les malfaiteurs la veuve des suppliciés.

Sellier avait même écrit ce testament ironique : « Je laisse à mon ami Le Baigneur tout ce qui restera dans ma cellule après ma mort - Fait le 16 août - Sellier ».

Or, il ne laissait rien dans sa cellule et Le Baigneur n'a pas dû être reconnaissant au copain qui le désignait aux recherches de la police.

Il écrivit en outre des vers dont je ne pus me procurer l'original ; mais, même dans la forme moins barbare où ils me furent transmis, ils demeurent un précieux document de psychologie criminelle. Je les citerai sans les commenter ; il suffit de les lire pour y retrouver cette absence congénitale ou cette atrophie du sens moral, qui caractérise les monstrueuses consciences d'assassins :

Derniers adieux.

Allorto lui, c'est un' canaille,
C'est vrai que j' suis canaille aussi ;
Mécrant ç'a n'est qu'un rien qui vaille,
On dit que je l' suis autant qu' lui.

L' plus chouett' des quatre c'était Catelain
Qu'avait pas pour deux liards de vice ;
Mais il n'a pas été malin
De s'êtr' fait choper par la police.

77

Il en a pour vingt ans d' nouvelle
On n'en revient pas de c' pat'lin-là
Mais l'on part avec sa damzelle [22],
C'est tout c' qu'y faut pour vivre là-bas.

Tandis que Bibi et Allorto
Et Mécrant quoiqu' ça le r'bute
Nous faudra aller sur la butte
Porter notre poire à Charlot.

Les aminches et leurs gigolettes,
Ceux de Belleville et d' la Villette
Viendront nous voir couper l' sifflet
Si ça leur fait pas trop d'effet.

Aurait fallu cramser en choeur.
Tous les quat', en frères, en amis,
On se serait fait faucher de bon coeur.
On ne meurt qu'un' fois dans sa vie.

Allorto, au contraire, était triste et pleurait souvent depuis sa condamnation. Il se montrait aussi très dévot et demandait à ses gardiens si la guillotine faisait souffrir. Son sommeil était toujours agité et parfois il passait la nuit entière debout, parcourant sa cellule à

---

[22] Parce que l'on déporte aussi des criminelles qui se marient aux forçats. A ce propos, on a dit que la population honnête et laborieuse de l'Australie, issue des malfaiteurs anglais que l'on y déportait encore il y a vingt ans, donne tort à l'anthropologie criminelle en démentant la transmission héréditaire et la tendance congénitale au crime.

Au fait, outre que ces populations sont en grande partie composées de colons libres et de leurs descendants, il faut remarquer : d'abord que les déportés ne sont pas les pires criminels lesquels (et cela se vérifiait encore plus complètement au temps passé) sont punis dans la mère-patrie ; ensuite que dans ces sortes de colonies, les plus pervers et les plus dangereux parmi les déportés sont décimés par les vengeances de leurs compagnons ou des condamnations inexorables ; et en dernier lieu, que la tendance au crime n'est pas uniquement l'effet de l'organisme de l'individu : c'est aussi une conséquence du milieu où il vit. On comprend dès lors qu'un individu qui, dans un pays civilisé est un dangereux brigand ou un malfaiteur, puisse devenir un utile pionnier dans une colonie pénale où ses tendances sont adaptées au milieu à demi-barbare encore et ses descendants seront encore mieux adaptés que lui-même à ce nouveau milieu. - Cela est si vrai, que, dès que les colonies se civilisent et que le nombre des colons honnêtes augmente, ceux-ci s'opposent à la déportation des condamnés. C'est justement ce qui est arrivé en Australie.

grands pas. Tous ces détails rappellent le héros du : *Dernier jour d'un condamné*. Allorto devait se dire, comme ce personnage, assez faux d'ailleurs : « Quoi que je fasse, elle est toujours là cette pensée infernale, comme un spectre de plomb à mes côtés, seule et jalouse, chassant toute distraction ». - Aussi ne devait-il pas être comme Sellier un criminel-né ; c'était plutôt un délinquant par habitude acquise, un de ces hommes dont la sensibilité morale, lentement atrophiée dans un milieu corrompu, presque entièrement éteinte au contact des camarades vicieux, dans les longs emprisonnements ou les continuelles récidives, est tout à coup ravivée, dans l'isolement et à l'approche de la mort, par l'instinct de conservation.

Vers quatre heures, le directeur vint me chercher. Il me conduisit dans son cabinet, puis dans la salle des archives, pour voir rédiger, sur le registre d'écrou, l'acte de mort des deux condamnés.

« L'an 1889, le 17 août. Acte de décès de Désiré-J.-B. Sellier, âgé de 30 ans, né, etc.... demeurant, etc... supposé célibataire, mort ce matin à 5 heures, rue de la Roquette, n• 168 : Signé : Royer, officier de l'état civil du onzième arrondissement, Haroch, chancelier, et Creuzille, huissier de la Cour d'appel. »

Pendant que je lis, mon épaule est effleurée par un monsieur dont la signature est nécessaire à la légalisation de l'acte : Deibler !

C'était le bourreau... je pus à peine retenir un mouvement de répulsion. C'est un homme à l'aspect tranquille et assez banal d'ailleurs : taille moyenne, légère claudication, nez rouge et tortu.

Au même instant arrivent le juge d'instruction (on le fait venir en prévision d'une dernière révélation des condamnés) et le chef de la police de sûreté, M. Goron, jeune homme blond à la figure énergique et intelligente. Il m'apprend que, cette fois, les condamnés n'ont pas protesté contre l'autopsie de leurs cadavres, et que leurs corps pourront être transportés à l'école de médecine, après un simulacre d'enterrement au cimetière d'Ivry.

Deux jours auparavant, le congrès d'anthropologie criminelle avait exprimé le désir d'étudier les cadavres des condamnés et il a fallu une intervention des autorités pour que ce vœu ait pu être exaucé. Un mot dit au confesseur de la Roquette a empêché les deux malheureux de signer, comme jadis Pranzini et Prado, aucune protestation à cet égard.

Le confesseur, M. l'abbé Faure arriva peu après : petit, gras, figure rubiconde et tranquille, l'air d'un homme habitué à son douloureux office.

« C'est la douzième exécution à laquelle j'assiste », dit-il à son camarade, un lazariste grand, pâle, maigre, sympathique, présentant tous les symptômes de l'anémie ascétique. Celui-ci était, au contraire, très ému, très pénétré de sa mission, qu'il accomplissait pour la première fois. A tout moment, il fermait son bréviaire, se levait nerveusement en s'épongeant le front et priait qu'on ouvrît les fenêtres : il semblait constamment sur le point de s'évanouir. L'abbé Faure l'encourageait : je le vis même lui offrir à boire dans le gobelet en argent où devaient tremper un moment plus tard les lèvres exsangues d'Allorto.

Il est temps d'aller réveiller les condamnés. Nous sommes sept ou huit à escorter le directeur et six gardiens jusqu'à la cellule d'Allorto.

Il dormait : au léger attouchement du directeur, il se dresse sur son séant, écarquille ses yeux gris, devient livide, entr'ouvre sa bouche dont les lèvres pâlissent. Le directeur lui dit : « Votre recours en grâce a été repoussé... Du courage ! »

Pour toute réponse, il se tourne vers le mur et murmure en fermant le poing : « Saloperie, va ! » Puis il se lève, trempé de sueur, et les gardiens l'aident à mettre ses bas et son pantalon.

« J'ai chaud : je veux ôter ma chemise ». Il l'ôte, en effet, et ne garde qu'un tricot en coton grossier.

« Je mourrai seul ? » demande-t-il au directeur, qui ne lui répond pas.

L'abbé lui offre un verre de cognac : il l'avale d'un trait, puis répond, d'une voix encore assez ferme, à une question du confesseur : « Mais je n'ai à me repentir de rien ; je n'ai fait que bâillonner le jardinier. Ce n'est pas moi qui l'ai tué ».

Deux gardiens le saisissent, l'aident à marcher et nous nous acheminons.

En passant devant une cellule voisine, Allorto rompt le silence funèbre et crie d'une voix que la terreur assourdit : « Adieu, Charles, bonjour. Je vais... Tu sais que je n'ai rien à me reprocher ». Et on entend derrière la paroi un murmure bas et confus, une sorte de plainte. C'était Mécrant, qui ignorait encore la commutation de sa peine...

Nous voilà dans la pièce où l'on va procéder à la *toilette* d'Allorto. On l'assied sur une chaise, on lui attache les mains derrière le dos, on lui met des liens aux pieds pour l'empêcher de faire de grands pas et on échancre son tricot jusqu'à la hauteur des épaules, presque.

Après avoir accompli leur besogne très vite, en silence, les aides jettent sur le dos d'Allorto sa propre veste, puis ils le conduisent dans une pièce voisine en face du corridor, d'où tantôt sortira Sellier.

Allorto a passé là quelques minutes. Il y a bu avidement trois verres de liqueur offerts par le lazariste, en nous regardant tout le temps de ses yeux déjà vitreux. Il s'efforçait en vain de cracher : un mouvement convulsif agitait ses lèvres. Je le vis, plusieurs fois, d'un geste d'automate, appuyer la bouche sur un crucifix que lui tendait le prêtre et je l'entendis dire : « Oui, je suis catholique, « je crois en Dieu ».

Puis nous allons réveiller Sellier, après avoir traversé sur la pointe du pied deux ou trois corridors.

Il était déjà debout et sauf sa pâleur livide il avait l'air assez indifférent. Il répond au directeur qui l'exhorte à avoir du courage : « Du courage ? on en a ». Et il demande à boire.

L'homme est grand et fort et d'un aspect vraiment formidable : cou de taureau, figure grossière à pommettes énormes, grandes oreilles.

Après avoir pris du cognac il s'habille sans avoir besoin d'être aidé et demande une cigarette : le directeur n'en a pas.

Il fallut insister pour l'obliger à se chausser : « Ça n'en vaut pas la peine, disait-il ».

il demanda à rester seul un instant avec l'abbé Faure, après quoi il s'achemina, de son pas habituel, vers une pièce voisine de celle où était Allorto, la chambre de sa *toilette*. Il demanda à boire et dit : « Oh, je n'aurai pas le trac : je sais ce que c'est ! »

A cette heure suprême, et jusqu'à son dernier moment, Sellier parut hanté de l'idée fixe de se montrer brave afin de laisser parmi la foule, comme Pranzini, une réputation d'homme courageux.

Toutes ses paroles et ses actes étaient calculés à cet effet ; et la cigarette demandée, et son fréquent sourire cynique étaient sans doute des moyens de parvenir à ce but. Cette conduite contrastait péniblement avec l'agonie spasmodique d'Allorto et nous touchait moins.

On ne parvient pas par un effort de volonté à cette insensibilité physique et morale. Elle forme un des caractères spéciaux de certains criminels et explique la férocité froide de leurs crimes et l'indifférence avec laquelle ils supportent des blessures et des opérations chirurgicales très douloureuses pour d'autres. Cette *disvulnérabilité,* comme l'appelle M. Moriz Benedikt, explique le courage apparent de certains brigands, dont les actes de bravoure proviennent d'un mobile physiologique et psychologique tout opposé à celui qui pousse le martyr d'un honnête et grand idéal à mourir héroïquement en guerre ou sur l'échafaud.

La toilette de Sellier se termine sans incidents et le bourreau et ses aides s'en retournent chez Allorto.

On le soulève, on le soutient... Il s'achemine, d'un mouvement inconscient d'automate, branlant la tête. - Cependant, l'air plus frais du corridor semble le ranimer un peu : il marche seul maintenant, traînant les jambes à petits pas... A la lumière du jour, son visage semble vert. Il est, déjà, plus mort que vif.

La porte s'ouvre et en une rapide série d'émotions horribles je perçois Allorto étendu sur la planche, le coup sourd du couperet, un cadavre aux jambes agitées d'un mouvement convulsif et le geste des aides qui jettent le corps dans le grand panier et rabattent le couvercle.

J'avais emporté de l'alcool. J'en avalai quelques gorgées pour me calmer un peu et .... je vis Deibler essuyer le couperet avec une éponge avant de le ramener au haut de la machine infâme !

Ce détail me dégoûta par-dessus tout le reste et me fit plus intimement sentir l'horreur de ce brutal, de ce stupide moyen de « rendre justice ».

Car je ne puis et ne veux pas discuter ici sur la peine de mort, mais elle n'est certes pas tolérable dans une société civilisée. Comment peut-on trouver exemplaire la décapitation en public !

Nous retournons chercher Sellier qui se lève, nous dévisage tous et s'achemine sans vouloir être soutenu, d'un air indifférent.

Je me trouvai, je ne sais comment, tout près de lui au moment où l'on ouvrit la porte et je l'entendis dire au gardien en chef et à voix haute, dans l'espoir sans doute d'être entendu du public de l'enceinte réservée :

« On sort de l'hôtel des haricots avec de drôles de chaussures. »

Et il était en face de la guillotine ! Il la regarda, et après avoir jeté un coup d'œil circulaire autour de lui, il embrassa le prêtre en lui souhaitant : Bonne chance ! ... Et, pour la seconde fois, j'entendis le coup assourdi du couteau et tout de suite après je vis les deux têtes exsangues des suppliciés que l'on transvasait du petit panier dans le grand. Sans doute, l'anémie cérébrale, instantanée et complète, avait immédiatement éteint toute lueur de conscience.

Je traversai la haie des agents de police et m'arrachai, abasourdi et énervé à ce spectacle barbare, dont je me souviendrai toujours comme du plus grand sacrifice fait à mes études sur le crime, cette forme si douloureuse, de la misère humaine.

Enrico Ferri,
Les criminels dans l'art et la littérature (3ᵉ édition), 1908.

VII.

Les criminels dans le roman contemporain.

- Thérèse **Raquin, Germinal, Bête humaine,** *par Zola.* **-** *Cosmopolis,* **André Cornélis, Le Disciple,** *par Bourget.* **-** *Le* **Bon crime,** *par Coppée.* **-** *L'*Intrus, *par d'Annunzio.*

Depuis la seconde moitié du siècle, la forme de l'art littéraire la plus répandue, parce qu'elle reflète le mieux les aspects divers et multiples de la société, le roman se trouvait en présence d'un dilemme darwinien dont M. Gabriel d'Annunzio a donné la formule : se *renouveler ou périr.*

L'œuvre de Balzac, l'immense Balzac, - son cycle romantique de la *Comédie humaine,* - et *Madame Bovary* de Flaubert avaient déjà montré dans l'étude du milieu social la raison d'être ou du moins une grande partie des raisons d'être de l'individu. En même temps, et dans l'espace de bien peu d'années, Darwin donnait à la biologie, Spencer à la philosophie naturelle et Marx à la sociologie la base solide du positivisme. La méthode positive, l'observation expérimentale

85

renouvelaient la connaissance de la nature, celle de la collectivité humaine et celle de l'individu. Le roman devait forcément s'adapter à cette interprétation nouvelle de l'univers ; il devait ressentir le contre-coup décisif de ces influences. Abandonnant le formalisme fantaisiste, vieux et démodé, l'héroïsme de manière et de pose, il ne tarda pas à se transformer en se rapprochant des sources vives de la réalité humaine, directement observée.

Le « roman naturaliste » et le « roman psychologique » naquirent ou plutôt se développèrent dans cette nouvelle phase de la morale et de l'intelligence sociales. L'objet du roman naturaliste est l'étude *des conditions déterminantes du milieu,* celui du roman psychologique l'analyse des *états d'âme de l'individu.* L'un et l'autre, cependant, suivent plus ou moins fidèlement les données nouvelles de l'anthropologie qu'ils ont servi à rendre populaire. Et c'est justice : car la science leur avait fait un don précieux en renouvelant leur vitalité aux sources du document humain et de l'observation positive.

Mais il y a aussi loin de l'art à la science que de la peinture à la photographie.

L'œuvre savante est impersonnelle, objective ; l'œuvre d'art est, au contraire, selon le mot de M. Zola : « un coin de la nature vu à travers un tempérament ».

Sans doute, même dans la recherche scientifique, « le facteur personnel » est inévitable, dans l'anthropologie et la sociologie encore plus que dans les sciences physiques ou naturelles. Mais si ce facteur influe sur la manière de voir du savant, sur l'intensité de sa vision, il est contrôlé d'ailleurs par le « fait brutal » par la disposition naturelle et immanente des choses et ce contrôle met une différence essentielle entre le positivisme et la métaphysique. L'importance du facteur personnel est autrement grande dans l'art, puisqu'il y influe sur la disposition des éléments mêmes de l'oeuvre conçue par l'artiste. L'ensemble de ces éléments, ou chacun d'eux pris à part, reflètent plus ou moins fidèlement la réalité : mais ils n'ont pas la précision d'une photographie.

Le peintre qui veut représenter la course d'un cheval ou celle d'un homme se garde bien de reproduire les mouvements surpris par une « instantanée ». Quoique vrais, ils sembleraient invraisemblables, ils choqueraient nos habitudes visuelles.

Ainsi la science et l'art ont une méthode et un objet différents et leur diversité est une pierre de touche, un écueil décisif pour le génie de l'artiste qui a deux moyens d'éviter la donnée sèchement et techniquement exacte : exagérer la ligne du vrai ou l'altérer.

S'il choisit le premier de ces moyens l'artiste accomplit son devoir intellectuel et obéit à la fois aux règles de l'art et à celles de la science. Il crée une oeuvre immortelle où le savant trouvera une confirmation suggestive des vérités techniques ; il recule les barrières étroites et rigides de l'érudition, sur le terrain vaste et peuplé de la culture usuelle et des idées acquises à la foule.

Crime et Châtiment de T. Dostoïewsky ou la *Bête humaine* de M. Émile Zola sont pour la psycho-pathologie et pour l'anthropologie criminelle un moyen de propagande mille fois plus rapide que l'observation strictement érudite. Et ce sont en même temps des oeuvres d'art excellentes, qui creusent et burinent les contours du vrai, sans altérer leurs rapports et leurs proportions.

Mais l'artiste peut atteindre plus sûrement à l'effet en altérant ces rapports dans la représentation de son principal personnage ou dans les épisodes secondaires de son oeuvre, pour la rendre plus sottement vraisemblable ou plus follement étrange. Et par là il est sûr d'obtenir, soit l'approbation du public, en évitant de le choquer par des observations d'un positivisme peu banal, soit un éphémère et stérile succès de curiosité.

Voilà où réside la principale différence entre les chefs d'école et leurs imitateurs.

Il est hors de doute qu'il faut dans la science, comme dans l'art, lutter contre les habitudes mentales de la foule pour se faire une place. Mais la découverte scientifique est aisément contrôlée par l'expérience positive ; tandis que, dans le domaine de l'art, si le chef d'école, l'initiateur génial n'altère pas le vrai dont il charge les teintes, ses imitateurs l'altèrent toujours. Ces imitateurs, - qui sont de deux sortes : ceux qui imitent, et ceux qui contredisent, tous parasites, d'ailleurs - n'ont pas vu et senti la vérité ou bien ils ont un cerveau déséquilibré, des velléités de créations artistiques et aucune énergie créatrice. Et leur impuissance leur fait adopter les plus vides, les plus folles, les plus extravagantes théories : celles du symbolisme, ou du décadentisme, ou du satanisme, par exemple [23].

Voilà, selon moi, la distinction que M. Max Nordau n'a pas faite quand il s'est servi de son talent si original pour appliquer les données de la physio - psychologie à la critique d'art. Il a bien étudié les génies créateurs plutôt que leurs oeuvres dans les deux volumes de sa *Dégénérescence,* en adoptant la méthode de la criminologie positive qui étudie le criminel et non pas le crime.

Mais en critiquant les manifestations artistiques de cette fin de siècle le mysticisme, l'égotisme, et le réalisme - M. Max Nordau a donné trop d'importance aux exagérations pathologiques.

Il n'a pas su distinguer entre les conceptions principales des chefs d'école (Wagner, Tolstoï, Zola, Ibsen, etc.) et leurs oeuvres secondaires dont quelques-unes peuvent présenter les symptômes et les stigmates du déséquilibre mental et artistique, et il n'a pas su non plus séparer nettement les oeuvres de ces géants de l'art de celles d'écrivailleurs conservant, malgré leurs côtés grotesques, quelques saillies géniales dans leur dégénérescence. C'est qu'en effet aucune physionomie ne rappelle davantage celle du penseur profond, isolé du reste du monde, que la physionomie de l'idiot isolé, lui aussi, dans le désert de sa bêtise.

Baudelaire, Nietzche, Verlaine, Maeterlinck, Oscar Wilde, etc., ces demi-talents, ces hommes moitié génies et moitié fous ou criminels n'arrivent pourtant pas encore à la dégénérescence entière, au

---

[23]   Voir, sur les rapports et les fonctions des initiateurs et des disciples, dans la science, ma polémique avec M. Sighele sur l'Int*elligence* et la moralité *des foules (Scuola* positiva, n• de septembre 1894, p. 733).

déséquilibre complet des plus extravagants parmi leurs imitateurs et leurs contrefacteurs.

Baudelaire et Oscar Wilde ont eu les mêmes désordres sexuels que Cellini, que Michel-Ange, que le célèbre peintre Bazzi, bien connu dans l'histoire de l'art sous le surnom de Sodoma, -Verlaine a chanté en de très beaux vers l'impression agréable de dignité et de liberté éprouvée par lui au cours d'un emprisonnement provoqué par ses délits sexuels ; Nietzche est enfermé dans un hospice de fous.

Dans l'art, tout comme dans la société, la foule, c'est-à-dire les artistes médiocres, les intelligences moyennes, végètent de l'aube au crépuscule de leur vie, ne créant rien, mais fabriquant leurs oeuvres avec une régularité bureaucratique. Une avant-garde peu nombreuse attire les regards émerveillés de cette foule. Elle contient quelques génies initiateurs de chefs d'école qui, ayant entrevu une vérité nouvelle, c'est-à-dire encore inconnue, luttent pour l'affirmer et l'imposer, contre tous les préjugés en vogue. Nécessairement, ces préjugés cèdent, se modifient. Et, lentement, les découvertes intellectuelles deviennent à leur tour des habitudes mentales, que de nouvelles vérités viendront combattre et détruire.

Mais la minorité des artistes contient en outre des hommes qui diffèrent d'une tout autre façon de la moyenne normale. Des yeux inexpérimentés leur trouvent l'apparence du génie. Mais, s'ils s'éloignent du niveau commun, c'est dans un sens négatif et par une dégénérescence involutive qui les pousse à toutes les extravagances, à toutes les folies, dans leur désir d'imiter ou de contredire les initiateurs. Aussi ceux-là demeurent-ils en deçà, tandis que les manifestations du génie vont au delà de la ligne imperceptible qui, au dire de Napoléon, sépare le sublime du ridicule.

Le même raisonnement peut s'appliquer aux délinquants politiques.

La masse d'une nation est formée d'hommes moyens, partisans de l'ordre constitué (qui leur semble un ordre par le seul fait de son existence) prêts à devenir, du jour au lendemain (par exemple en France en 1870) monarchistes sous la monarchie et républicains en temps de République.

89

Un petit groupe d'initiateurs, de lutteurs, se sépare de la foule. Dans ce groupe, quelques hommes de génie, des penseurs comme Mazzini et Cavour, des hommes d'action comme Garibaldi, ces héros de notre Risorgimento, ou bien des précurseurs du socialisme international comme Marx et Engels d'une part, et Lassalle de l'autre.

Et à côte de ces grands hommes, des révolutionnaires de moindre envergure parmi lesquels se glissent, à l'exemple des insectes qui prennent la couleur de la terre ou des arbustes parmi lesquels ils vivent, des déséquilibrés, des demi-fous, des demi-criminels. Le vulgaire ne distingue pas entre ces détraqués et les véritables initiateurs, par une erreur pareille à celle qui lui fait soumettre au même jugement l'œuvre de Wagner, d'Ibsen ou de Zola et les fantaisies d'un symboliste, d'un décadent ou d'un sataniste.

D'autre part, il ne faut pas rendre les chefs d'école responsables des folies ou des crimes de leurs sectateurs. Il y a toujours dans la monde un fourmillement de déséquilibrés disposés à saisir un drapeau, à l'agiter ou à le couvrir de boue, pourvu qu'il soit bien en vue. Inconsidérés ou inconnus aux périodes de calme, ces disciples-nés prennent des attitudes appropriées à l'idéal qui tourmente la conscience publique, aux mauvais jours des crises sociales.

Les *flagellants ou* les *croisés* du Moyen âge ; les *terroristes* et les *vendéens* du XVIIIe siècle ; les *carbonari* et les *garibaldiens* du Risorgimento ; les *nihilistes* et les *dinamitards* de notre fin de siècle sont des aspects divers d'un phénomène humain constant. Ces manifestations sublimes ou folles ou criminelles ne sont pas dues à l'idée dominante du moment où elles ont lieu, mais aux tendances géniales ou dégénérées ou déséquilibrées des hommes prédisposés à subir l'attrait de l'idéal commun et désireux d'en hâter la réalisation.

En outre, pour en revenir à l'art, il ne faut jamais oublier, comme tout justement l'a fait M. Max Nordau, que le génie même est une anomalie, une forme de dégénérescence, un cas pathologique, si bien qu'il est sujet aussi à la loi fatale d'une extinction rapide par stérilité. Il est donc naturel que chez l'homme de génie et dans son oeuvre, des manifestations de dégénérescence soient inséparables des créations merveilleuses.

Bref, l'application des données et des critères psycho-pathologiques faite par M. Max Nordau aux imitateurs secondaires, aux contrefaçons ineptes ou folles des oeuvres d'art est juste, originale et féconde : mais elle est fausse, parce qu'elle est exagérée, en ce qui concerne les Wagner, les Zola, les Ibsen, les Tolstoï ; elle assimile des dégénérés dépourvus de génie, malgré quelques étincelles lumineuses, à ces très grands artistes, condamnés d'ailleurs, par leur génie même, à présenter quelques stigmates de dégénérescence.

M. Emile Zola, quoiqu'il n'ait pas su éviter l'écueil du cliché et du produit commercial, est cependant un artiste génial et puissant, dont le cerveau s'est oxygéné à l'air vif et pur de la science humaine.

Nul n'ignore aujourd'hui le cycle romantique des Rougon-Maquart : « Histoire naturelle d'une famille sous le second Empire » , cette démonstration faite par un artiste de la grande loi de l'hérédité naturelle qui transmet aux enfants, en les aggravant encore, les germes de la dégénérescence physique, mentale et morale des parents. Même, les vives polémiques soulevées par les premiers volumes de cette série : l'Assommoir et *Nana,* par exemple, sont trop connues pour qu'il soit nécessaire d'insister longtemps sur les rapports qui relient les héros de M. Zola aux données de la psychologie et de la psycho-pathologie criminelle.

Ces rapports existent, mais quels sont-ils ?

Là aussi, il faut distinguer. L'œuvre d'art peut être une description fidèle de personnes réellement observées, comme les héros des « Souvenirs *de la Maison des Morts »,* ces forçats parmi lesquels le grand et malheureux Dostoïewsky a dû vivre pendant des années. Et, dans ces sortes d'ouvrages, la science peut puiser à une source sûre des données anthropologiques.

Mais, bien plus souvent, l'œuvre de l'artiste provient de sa fantaisie personnelle. Seulement, au lieu d'être une simple reproduction d'images multicolores écloses dans un cerveau, c'est une représentation idéale de figures humaines réellement vues et observées dans la vie quotidienne ou dans les livres de science, et le milieu où se meuvent ces personnages est plus ou moins fidèle aux apparences de la vérité historique.

En ce sens, *Germinal* est un roman naturaliste ou *expérimental,* ainsi que l'appelle, inexactement, M. Zola même. La critique qu'en fait M. Max Nordau me semble erronée :

« M. Zola nomme ses romans des *documents humains* et des *romans expérimentaux.* Je me suis déjà exprimé de telle façon il y a treize ans, sur cette double prétention qu'aujourd'hui même je n'ai rien à ajouter à ce que j'ai dit alors. Pense-t-il que ses romans sont des documents sérieux auxquels la science puisse emprunter des faits ? Quel enfantillage ! La science ne peut rien faire avec la fiction. Elle n'a pas besoin d'êtres et d'actions inventés, si vraisemblables soient-ils, mais elle a besoin d'êtres qui ont vécu et d'actions qui ont eu lieu.

« Et une lubie beaucoup plus étrange encore est son *roman expérimental.* Ce mot prouverait que M. Zola, s'il l'emploie de bonne foi, ne soupçonne même pas la nature de l'expérience scientifique. Il croit avoir fait une expérience quand il invente des personnages névropathes, les place dans des conditions inventées et leur fait accomplir des actions inventées. Une expérience scientifique est une question intelligente adressée à la nature, question à laquelle doit répondre la nature et non le questionneur lui-même. M. Zola pose aussi des questions. Mais à qui ? A la nature ? Non : à sa propre imagination. Et ses réponses auraient une force démonstrative ! »

« Le résultat de l'expérience scientifique est probant. Tout homme en possession de ses sens peut le percevoir. Les résultats auxquels arrive M. Zola dans ses prétendues *expérimentations* n'existent pas objectivement ; ils n'existent que dans son imagination ; ils ne sont pas des faits mais des affirmations auxquelles chacun peut croire ou ne pas croire à son gré. La différence entre des expériences et ce que M. Zola nomme ainsi, est si grande, qu'il m'est difficile d'imputer à la seule ignorance ou à l'incapacité de penser l'emploi abusif de l'expression » (Traduction *franç.,* d'Aug. Dietrich.).

Mais l'art et la science ne peuvent s'appliquer de la même façon à un même objet d'études, tel que le crime et le criminel, par exemple : et M. Nordau ne tient pas compte de la diversité de leurs fonctions.

Les mots : roman *expérimental* sont peut-être, sont sans doute même, inexacts. Il faudrait dire plutôt roman d'observation, directe ou indirecte, de la réalité humaine. Toutefois la science peut tirer parti du roman. Elle aurait tort de le dédaigner et de ne lui accorder aucune force probante.

Sans doute un aliéniste, chargé d'examiner un criminel, ne pourrait pas fonder son diagnostic psycho-pathologique sur les pages de la *Bête humaine,* par exemple. Pour faire oeuvre de savant, il lui faudrait étudier l'imputé lui-même, ses antécédents personnels, ceux de sa famille, les conditions de milieu dans lesquelles il a vécu et agi.

Mais cela n'empêche que l'anthropologiste criminaliste puisse trouver un sujet d'études en Jacques, le héros de la *Bête humaine ;* relever en lui nombre de traits et de symptômes conformes à la réalité et démontrer que le génie saisit ou prévoit les données de la science bien avant la foule des médiocrités érudites. Et il peut citer ce Jacques comme un document humain, au même titre que l'Hamlet ou l'Othello de Shakespeare ou le Raskolnikoff de Dostoïewsky.

Mais les portraits de criminels tracés par des artistes observateurs n'ont pas seulement un emploi utilitaire. La science les examine aussi pour déclarer si et jusqu'à quel point le concept de l'artiste correspond à ses données positives, car elle sait bien que le public, étranger aux expériences scientifiques, s'initie aux nouvelles découvertes par l'entremise des oeuvres d'art et grâce aux émotions suggestives du roman ou du drame.

Voilà pourquoi, si les romans de M. Zola ne sont pas toujours scientifiquement exacts (l'art n'a d'ailleurs ni les devoirs, ni la mission de la science), leur importance n'en est pas moins indiscutable pour l'étude du criminel, même en ce moment où les caprices hystériques du décadentisme poussent le public à une réaction exagérée contre le roman naturaliste.

Tant que, dans sa *Thérèse Raquin*, M. Zola s'était borné à l'étude de criminels par passion, à la description, terriblement éloquente, à la vérité, des remords de deux amants qui ont noyé ou laissé se noyer un mari incommode, l'effort de son art n'était pas éloigné de la psychologie commune et des types criminels qui s'en rapprochent le plus.

Mais sa série des Rougon-Maquart, où il a étudié de plus près la vérité anthropologique, a élargi l'horizon de l'art et puissamment contribué à l'évolution progressive de la conscience commune vers les nouvelles vérités scientifiques. Il a semé et enraciné dans l'esprit de ses lecteurs les opinions des psychiatres sur l'alcoolisme, grâce à l'Assomoir *;* la *Bête humaine* a popularisé les théories des criminalistes et *Lourdes* celles des psycho-pathologues.

Naturellement, dans une oeuvre aussi complexe, un anthropologiste pourrait trouver beaucoup à glaner : mais la critique scientifique s'est déjà tellement occupée des ouvrages de M. Zola que je me bornerai à rappeler ici deux de ses études, des plus caractéristiques et des plus éloquentes.

Le XVIIIe siècle s'est terminé par une apothéose de l'individu. La science, dans notre fin de siècle, a remplacé cette apothéose par celle de la collectivité, et c'est en vain que certains artistes plus ou moins anarchistes ou individualistes tentent une réaction rétrograde. Il arrive souvent aux personnes ayant une individualité marquée de se persuader que les êtres supérieurs, précurseurs des super-hommes futurs, ont seuls une valeur quelconque dans la légion infinie et anonyme de l'humanité. L'égotisme est une exagération maladive du sens de la personnalité. Ses fidèles sont raides et méprisants, pareils à des gens atteints d'un commencement d'ataxie locomotrice : ils exagèrent le port de leur personne et marquent trop le pas.

Mais l'orgueil myope de ces rêveurs ne saurait voiler la vérité. Si la collectivité se développe sous l'impulsion de la pensée et de l'action individuelles, l'individu est à la merci de la collectivité ; il n'est pas seulement concevable quand on l'isole de cette base sociale à laquelle il doit, malgré ses illusions pathologiques, tout l'essentiel de sa pensée et de sa vie.

Ces conditions psychologiques de la société contemporaine apparaissent avec évidence dans l'étude de la vie normale ou économique de l'humanité, dans l'étude de l'évolution du socialisme scientifique, et leur influence n'est pas moins grande sur les manifestations anormales ou criminelles de la vie.

Scipio Sighele, mon élève, en qui j'ai vu renaître plus robuste ma pensée scientifique, a clairement conçu ces vérités et dans un livre justement célèbre : La *foule criminelle - livre* mis à profit par des sociologues tels que MM. Tarde, Fouillée, Le Bon - il a doctement parlé de cette psychologie collective dont j'avais simplement marqué la place entre la psychologie individuelle et la psychologie sociale dans mon discours sur les « Nouveaux horizons du droit pénal », il y a une quinzaine d'années.

Cependant des artistes, précédant les savants, avaient deviné la psychologie collective. Parmi les premiers à l'étudier, nous trouvons un écrivain tout à fait supérieur, Alexandre Manzoni, cet artiste chez qui des comparaisons fréquentes et suggestives, indice d'une grande puissance d'observation, dénotent de merveilleuses facultés de psychologue et de penseur.

Dans les *Fiancés* - dont j'aime tout, sauf l'esprit de résignation servile ou mystique qui en émane, comme un subtil parfum narcotique - la scène du tumulte populaire est un document artistique précieux, même au point de vue de la science : et voilà encore une nouvelle preuve de l'erreur de M. Nordau, au sujet du naturalisme dans l'art :

« Dans les émeutes populaires, dit Manzoni (ch. XIII), il y a toujours un certain nombre d'hommes qui, soit par effet de la violence de leurs passions, soit par une persuasion fanatique, un dessein criminel, un infernal amour de destruction » (voilà marquées toutes les catégories anthropologiques des délinquants politiques), font tout ce qu'ils peuvent pour pousser les choses au pire. Ils proposent ou appuient les projets les plus barbares ; ils attisent le feu chaque fois qu'il semble se ralentir. Rien n'est jamais trop violent pour eux ; ils voudraient que le tumulte n'eût ni mesure ni fin. Mais, pour servir de contre-poids, il y a toujours aussi un certain nombre d'hommes qui, peut-être avec la même ardeur et la même obstination, s'appliquent à obtenir l'effet contraire, ceux-ci portés d'amitié ou de partialité pour les personnes qu'on menace, ceux-là sans autre impulsion qu'une pieuse et soudaine horreur du sang et du crime.

« Dans chacun de ces deux partis opposés, bien qu'il n'y ait jamais de mesures concertées d'avance, la conformité des volontés fait naître un concours subit dans les opérations.

« Ce qui compose la masse et pour ainsi dire le matériel du tumulte, c'est un vaste mélange d'hommes qui, par des nuances et des gradations infinies, tiennent à l'une et à l'autre de ces extrémités ; un peu échauffés, un peu coquins, penchant un peu vers une certaine justice comme ils l'entendent, un peu par désir de voir quelque bonne scélératesse, prêts à la férocité ou à la miséricorde, à l'adoration ou à l'exécration, selon que l'occasion se présente d'éprouver l'un ou l'autre sentiment ; avides à chaque instant de savoir, de croire quelque chose d'étrange ; éprouvant le besoin de crier, d'applaudir ou de tuer.

« Qu'il vive ! - Qu'il meure ! : ce sont les seuls mots qu'ils aiment à jeter. Si l'on parvient à les persuader qu'un homme n'a pas mérité d'être écartelé, on n'a pas besoin de dépenser plus de paroles pour les convaincre qu'il est digne d'être porté en triomphe. Acteurs, spectateurs, instruments, obstacles, selon d'où vient le vent. Ils sont prêts à se taire quand personne ne leur donne le mot, à se désister quand les instigateurs manquent, à se débander quand plusieurs voix, non contredites, ont dit : « Allons nous-en » et à s'en retourner chez eux en se demandant l'un à l'autre : mais, qu'est-il arrivé ?

« Toutefois, comme cette masse a la plus grande force, qu'elle est la force même, chacun des deux partis actifs use de toute son habileté pour l'attirer à lui, pour s'en rendre maître. Ce sont comme deux âmes ennemies qui combattent pour entrer dans ce vaste corps et le faire mouvoir. C'est à qui saura le mieux répandre les bruits les plus propres à exciter les passions, à diriger les mouvements en faveur de l'une ou de l'autre intention ; c'est à qui saura le plus à propos trouver les nouvelles qui excitent l'indignation ou la tempèrent, mettre en jeu les espérances ou les craintes ; c'est à qui saura trouver le cri qui, répété de bouche en bouche, exprime, atteste et forme en même temps le vœu du plus grand nombre, pour l'un ou pour l'autre parti [24]. »

Dans le *Germinal* de M. Zola, cette description si vivante du prolétariat aspirant à la lumière, après avoir gémi pendant des siècles dans les ténèbres, il y a une scène analogue, mais dont le dénouement est différent. Elle aboutit à un meurtre féroce, décharge foudroyante de l'électricité accumulée dans la foule des ouvriers en grève. Partis par masses lentes et tranquilles de chez eux, ces ouvriers se sont excités peu à peu, le long de la route. Il y a eu des scènes violentes dans plusieurs usines et ils ont subi d'ailleurs une suggestion réciproque due au contact matériel et au contact psychologique, - et les voilà, pareils à des bûches, qui ne brûlent pas quand elles sont isolées et flamboient quand on les rapproche, - ou tels que des flocons de neige ou des gouttes d'eau : chacun d'eux est inoffensif, mais, comme une avalanche ou une inondation, leur masse provoque une catastrophe sanglante. Ils tuent et mutilent le cadavre de leurs victimes.

Cet épisode a dû être tiré de la chronique de la grève de Decazeville et du procès qui s'ensuivit, procès que M. A. Bataille, ce savant chroniqueur judiciaire a raconté dans ses *Causes criminelles et mondaines de 1886* (Paris, 1887, p. 136).

La scène décrite est un document de psychologie criminelle collective, dans lequel l'art réfléchit fidèlement la vérité de la science nouvelle qui a conquis droit de cité dans les salles de justice, en s'occupant de ces sortes de phénomènes sociaux et de leurs conséquences juridiques [25].

La masse des grévistes arrive devant la demeure d'Hennebeau, après une course de plusieurs kilomètres, affamée, aigrie, excitée par

---

[24]   Manzoni : Les *Fiancés*, traduction française de Rey Dusseuil.

[25]   Voir, Sighele, *La foule criminelle (Turin, 1891* - trad. française, Paris, *1896) ;* Sighele et Ferri, discussion sur : l'Intelligence *de la moralité des foules,* dans la *Scuola positiva,* septembre *1894 ;* Tarde, *Les crimes des foules,* dans ses : Essais *et mélanges sociologiques,* Lyon, *1895 ; Le* Bon, *La psychologie des foules,* Paris, *1895.*

des dévastations partielles dans plusieurs mines. Elle est désormais dans le paroxysme de la fureur.

« Personne n'obéissait plus à Étienne. Les pierres, malgré ses ordres, continuaient à grêler et il s'étonnait, il s'effarait devant ces brutes démuselées par lui, si lentes à s'émouvoir, terribles ensuite, d'une ténacité féroce dans la colère. Tout le vieux sang flamand était là, lourd et placide, mettant des mois à s'échauffer, se jetant aux sauvageries abominables, sans rien entendre, jusqu'à ce que la bête fut soûle d'atrocités. »

« Dans son midi, les foules flambaient plus vite, seulement elles faisaient moins de besogne. Il dut se battre avec Levacque pour lui arracher sa hache. Il en était à ne savoir comment retenir les Makeu qui lançaient des cailloux des deux mains. Et les femmes s'effrayaient, la Levacque, la Mouquette et les autres, agitées d'une fureur meurtrière ; les dents et les ongles dehors, aboyantes comme des chiennes, sous les excitations de la Brûlé qui les dominait de sa taille maigre » (V• partie, ch. 6).

Le surintendant Maigrat, qui s'est réfugié sur le toit, est poursuivi et précipité de là-haut dans la rue :

« La cervelle avait jailli. Il était mort... D'abord, ce fut une stupeur. Étienne s'était arrêté, la hache glissée des poings. Maheu, Levacque, tous les autres, oubliaient la boutique, les yeux tournés vers le mur où coulait lentement un mince filet rouge. Et les cris avaient cessé, un silence s'élargissait dans l'ombre croissante.

« Tout de suite les huées recommencèrent. C'étaient les femmes qui se précipitaient, prises de l'ivresse du sang. Il y a donc un bon Dieu ! Ah, cochon, c'est fini ! - Elles entouraient le cadavre encore chaud, elles l'insultaient avec des rires, traitant de sale gueule sa tête fracassée, hurlant à la face de la mort la longue rancune de leur vie sans pain. « Je te devais soixante francs, te voilà payé, voleur ! dit la Maheude : attends ! attends ! il faut que je t'engraisse encore ! » De ses dix doigts elle grattait la terre ; elle en prit deux poignées dont elle lui emplit la bouche, violemment :

« Tiens, mange donc ! ... Tiens ! mange, toi qui nous mangeais ! »

« Les injures redoublèrent pendant que le mort, étendu sur le dos, regardait immobile, de ses grands yeux fixes, le ciel immense d'où tombait la nuit. Cette terre tassée dans la bouche, c'était le pain qu'il avait refusé. Et il ne mangerait plus de ce pain-là, maintenant ! Ça ne lui avait guère porté bonheur, d'affamer le pauvre monde !

« Mais les femmes avaient à tirer de lui d'autres vengeances. Elles tournaient en le flairant, pareilles à des louves. Toutes cherchaient un outrage, une sauvagerie qui les soulageât. On entendit la voix aigre de la Brûlé : « Faut le couper comme un matou ! » - « Oui ! oui ! au chat ! au chat ! »

« Déjà la Mouquette le déculottait, tirait le pantalon, tandis que la Levacque soulevait les jambes. Et la Brûlé, de ses mains sèches de vieille, écarta les cuisses nues, empoigna cette virilité morte. Elle tenait tout, arrachant, dans un effort qui tendait sa maigre échine et faisait craquer les grands bras. Les peaux molles résistaient ; elle dut s'y reprendre ; elle finit par emporter le lambeau, un paquet de chair velue et sanglante, qu'elle agita avec un rire de triomphe : « Je l'ai ! Je l'ai ! »

« Des voix aiguës saluèrent d'imprécations l'abominable trophée. Les femmes se montraient le lambeau sanglant comme une bête mauvaise, dont chacune avait eu à souffrir et qu'elles venaient d'écraser enfin, qu'elles voyaient là, inerte, en leur pouvoir. Elles crachaient dessus, elles avançaient leurs mâchoires en répétant, dans un furieux éclat de mépris. « Il ne peut plus ! Ce n'est plus un homme qu'on va foutre dans la terre ! »

« La Brûlé alors planta tout le paquet au bout de son bâton et, en le portant en l'air, le promenant ainsi qu'un drapeau, elle se lança sur la route, suivie de la débandade hurlante des femmes. Des gouttes de sang pleuvaient : cette chair lamentable pendait comme un déchet de viande à l'étal d'un boucher.... » (V• partie).

99

La *Bête humaine,* ce roman où M. Zola, ainsi qu'il l'a déclaré lui-même, a été inspiré et guidé par *l'Homme criminel* de M. Lombroso, est un document des plus modernes de la solidarité de l'art et de la science. Le sujet du livre est tiré du procès des époux Fenayrou ; son héros, Jacques Lantier est un véritable criminel-né, atteint d'épilepsie congénitale et de nécrophilie, bizarre perversion sexuelle dont il a été récemment question en Italie, à propos du fameux Verzeni.

Dès son apparition, ce roman - où manque cependant l'étude directe ou personnelle de l'homme criminel - devint l'objet de nombreux articles de critique scientifique ou littéraire. Il donna lieu, entre autres, à deux études, l'une de M. Lombroso *(La Bête humaine et l'anthropologie criminelle,* dans le *Fanfulla della Domenica,* du 15 juin 1890) l'autre de M. Héricourt : *La Bête humaine de M. Zola et la physiologie du criminel,* publiée par la *Revue Bleue,* du 7 juin de la même année.

Voici ce que dit, en somme, le savant créateur de l'anthropologie criminelle, dont l'éclatant hommage rendu à sa doctrine n'a pu fléchir l'impartialité :

« M. Zola qui a si merveilleusement décrit la plèbe empoisonnée par l'alcool et très bien aussi les petits bourgeois des villages et des villes, n'a pas, selon moi, étudié les criminels d'après nature. C'est qu'on n'en trouve pas aussi facilement sans doute, et qu'on ne peut guère les étudier, même dans les prisons, à moins d'avoir comme MM. Marro et Ferri la folie de les y observer pendant des années. Les criminels de la *Bête humaine* me font l'effet de photographies faites d'après des portraits à l'huile : ils ont quelque chose de flou et d'artificiel. »

« Ainsi, moi qui ai étudié des milliers de criminels, je ne saurais comment classer Roubeaud : il se montre bon employé et bon mari jusqu'au jour où il surprend le secret des amours -incomplets, - imposés à sa femme, avant leur mariage, par un magistrat connu. Et le voilà prêt à tuer cette femme : puis il change de résolution et lui impose d'être sa complice dans le meurtre du pseudo-adultère. »

100

« La véritable bête humaine, Jacques Lantier, le criminel-né, présente certains des caractères anatomiques de ces sortes de criminels : une mâchoire énorme, par exemple. Ses tendances sont justifiées par la dégénérescence et J'alcoolisme de ses ascendants, et la scène qui nous montre sa passion homicide se substituant au désir charnel et s'éveillant en lui à l'aspect des nudités d'une jeune femme est scientifiquement vraie. Mais l'auteur s'est trompé en lui faisant tuer Séverine après avoir été longtemps son amant. Chez le criminel-né, la jouissance charnelle exclut le meurtre de la femme : c'est, du moins ce que nous avons souvent observé, M. Krafft Ebing et moi.

« Par contre, l'espèce d'amnésie et de vertige épileptique dont Jacques est atteint à deux ou trois reprises correspondent parfaitement aux dernières découvertes de l'anthropologie criminelle.

« Il regarda Séverine couchée et à demi-nue comme s'il ne la reconnaissait pas. Cette image le hantait même quand il conduisait sa machine : ainsi, un jour, il se réveilla comme d'un songe, tout à coup, au moment où, malgré les signaux, il traversait une gare à toute vapeur.

« Un jour, il se sentit pris d'une fureur de meurtre. Il se jeta hors de son lit et fit quelques pas en chancelant comme un homme ivre (vertige). Un brouillard rouge remplissait sa chambre. Quand il fut dehors, il lui sembla que ce n'était plus lui qui agissait, mais l'autre, l'inconnu, celui qu'il avait senti d'autres fois déjà s'agiter dans son sein brûlé d'une soif de meurtre héréditaire.

« Les objets autour de lui avaient l'inconsistance de choses rêvées. Sa vie était comme abolie et sa personnalité disparue. Il allait, comme un somnambule, ne se souvenant plus, ne prévoyant rien. Tout à son idée fixe, il suit deux femmes pour les tuer et s'aperçoit tout à coup qu'il longe la Seine, sans savoir pourquoi ni comment il est arrivé là. Il se souvient seulement qu'il a jeté son couteau dans le fleuve. Il avait dû marcher très longtemps.

« Des gens, des maisons blanches avaient passé devant ses yeux. Il était entré déjeuner quelque part ; il avait vu des assiettes blanches et une enseigne rouge. Tout cela se perdait dans un abîme noir, dans un chaos où il était plongé depuis des siècles, peut-être. Quand il revint à lui, il se retrouva dans sa chambre : l'instinct l'y avait ramené, comme un chien à son chenil. Il était couché en travers du lit et se réveillait d'un sommeil de plomb. Combien de temps avait duré ce sommeil ? Des heures ? des jours ? qui sait ! »

Je n'ai jamais trouvé une description plus parfaite de ce que j'appelle le vertige épileptoïde des criminels.

Mais l'érudition de M. Zola se trouve encore en défaut quand il tente d'expliquer les sanguinaires instincts sexuels de Jacques par un atavisme de son invention. C'est, dit-il, l'héréditaire désir de vengeance provenant des torts, que les femmes préhistoriques firent aux hommes des cavernes.

« Il y a là une erreur de fait. Les femmes préhistoriques ne firent point de torts aux hommes. Plus faibles qu'eux, elles étaient leurs victimes. Et les instincts sexuels sanguinaires s'expliquent par un tout autre atavisme, une hérédité qui remonte aux animaux inférieurs, aux luttes pour la conquête de la femelle, cette proie du plus fort, aux blessures infligées souvent à cette femelle même pour l'obliger à céder, à se plier à l'esclavage conjugal : luttes et blessures dont il reste des traces dans l'histoire romaine (enlèvement des Sabines) et dans les rites nuptiaux de nos pays où, le jour du mariage, le fiancé simule un enlèvement de sa fiancée. »

En outre, un dégénéré épileptoïde, tel que Jacques, devrait présenter d'autres anomalies : un caractère violent, étrange et impulsif, une irascibilité sans cause, une profonde immoralité. M. Zola en fait un honnête homme en dehors de ses accès de férocité : c'est une grave erreur scientifique.

Par exemple, la répugnance instinctive, normale, de Jacques à tuer tout autre qu'une femme jeune et belle est scientifiquement vraie dans la monomanie sexuelle sanguinaire. Et il est naturel que malgré les occasions propices il hésite à assassiner Roubeaud dont la femme l'excite au crime.

« Tuer cet homme ? En avait-il le droit ? - Quand une mouche l'ennuyait, il l'écrasait.... Il ne pouvait pas le tuer... C'était monstrueux, impossible. L'homme civilisé se révoltait en lui, grâce à l'acquit de l'éducation, à la lente stratification des idées trans-mises. Son cerveau, hanté de scrupules, repoussait l'assassinat avec horreur. Frapper au besoin, sous la poussée d'un instinct violent, soit : mais tuer volontairement, froidement, non, il ne le pourrait pas. - Et au moment décisif il recule. »

Tout cela est très vrai. En somme, s'il y a beaucoup d'erreurs, il y a aussi beaucoup de choses vues dans le portrait de Jacques ; mais un aliéniste ne peut s'empêcher de lui trouver plus de défauts que de qualités.

Par contre, le caractère de Séverine est deviné ou certainement copié d'après nature. Séverine n'est pas criminelle, elle est sexuelle. Toute jeune, elle s'est livrée à une vie de débauches, elle ne comprend et ne ressent l'amour que dans la faute. Elle est menteuse d'instinct. Et cependant elle se montre bonne femme, bonne ménagère jusqu'au jour où un hasard la pousse au crime. Elle est attachée à son mari et accepte sans répugnance de devenir sa complice. Plus tard, elle méditera de le tuer lui-même et, pour être toute à Jacques, elle essayera de transformer son amant en assassin.

« Jacques devait être tout à elle, jour et nuit, et ne plus la quitter. Sa haine pour son mari grandissait. La seule présence de cet homme la jetait dans une agitation maladive. Elle si douce, si tranquille, s'irritait, devenait furieuse quand il s'agissait de lui.

« Tout l'agaçait en lui : sa figure tranquille, son corps engraissé. « Oh, s'en aller bien loin ! » Un jour une locomotive mit sa vie en danger et elle pensa à la chance qu'elle aurait eue s'il était mort. Elle serait partie pour l'Amérique, - pour une nouvelle vie.

« Elle, si peu habituée à sortir, elle allait maintenant au port, très souvent, pour voir la fumée des chaudières.

« Au moment décisif, pour vaincre les hésitations de son amant, elle appuie sa bouche ardente sur la bouche de Jacques.

« Oh, comme elle l'aimait, et comme elle détestait l'autre ! Si elle avait osé, elle aurait fait le coup elle-même, pour lui en éviter l'horreur : mais ses mains étaient faibles, il y fallait le bras d'un homme.

« Et ce baiser si long était tout ce qu'elle pouvait lui offrir de son courage.

« C'était la possession entière, la communion des corps qu'elle promettait. Quand elle souleva sa bouche, il lui sembla qu'elle était passée tout entière en lui. Et il ouvrit le couteau. »

Certes, c'est bien là la femme criminelle, la criminaloïde, comme je l'appelle, une femme qui, lorsqu'elle n'est pas sous une grande impulsion, c'est-à-dire poussée par l'amour, est incapable de commettre un crime. Et quand elle en commet un, c'est par le bras d'un autre, de l'amant presque toujours, parce qu'elle est faible.

Même les caractères anatomiques, autres que ceux du criminel-né, ont cependant quelque chose de particulier, de spécial, chez ces sortes de femmes.

« Ses cheveux noirs formaient comme un casque sur son front. Elle avait la figure longue, la bouche forte et de grands yeux bleus, couleur pervenche [26]. »

Sans doute, les héros de M. Zola n'ont pas la grandeur dantesque des sculptures de Dostoïewsky. Dans les oeuvres du romancier russe, il est impossible de discerner les éléments psychologiques, qui proviennent directement de sa grande âme douloureuse, des éléments fournis par une imagination merveilleusement orientée dans le sens de la vérité.

---

[26] Lombroso, *Le piu recenti scoperte et applicazioni dell' antropologia criminale* (Torino, 1893, p. 357).
    M. Héricourt fait, à peu près, les mêmes observations, pour en arriver à cette conclusion que M. Zola a peint, en grande partie d'après nature, des types criminels qui correspondent aux données de la physio-psychologie scientifique.

Mais il n'en faut pas moins accorder à M. Zola le double mérite d'avoir transporté le réel dans l'art littéraire renouvelé par la méthode expérimentale scientifique et d'avoir exprimé la réalité vivante dans un style qui, s'il n'atteint pas toujours les sommets lumineux du génie, ne tombe cependant jamais dans la grimace hystérique ou l'hallucination folle. Le maître a laissé les exagérations maladives à ceux qui, plus ou moins convaincus eux-mêmes, voudraient replonger la conscience collective dans le brouillard mortel d'un mysticisme inhumain.

Une classe sociale, qui se sent menacée, peut adresser des regards voltairiens aux marchands de paradis, comme une coquette sur le retour, mais l'art ne peut plus abandonner le terrain fécond de la vie terrestre, des joies et des douleurs humaines. S'il ignorait encore les données si complètes, si éloquentes de la physiologie et de la psychologie sur les manifestations normales ou anormales des êtres sociaux, il se condamnerait à disparaître dans un avenir prochain. Et les artifices des déséquilibrés ou des consciences seules ne permettraient pas longtemps aux fourbes, ennemis de la vérité, de faire régner le mensonge dans les productions artistiques comme il a régné jadis dans celles de la science.

Depuis que M. Zola, dans la *Bête humaine,* a porté pour la première fois dans l'art le type pathologique du criminel-né et l'a substitué aux types désormais trop connus du criminel-fou ou du criminel par passion, si admirablement peints par Shakespeare et par Dostoïewsky, les romanciers se sont efforcés de donner une base anthropologique aux produits de leur fantaisie.

Il n'est pas sans intérêt de comparer au fameux romancier naturaliste un champion spiritualiste du *roman psychologique* et de voir jusqu'à quel point M. Bourget a, dans quelques -uns de ses romans, puisé aux sources de l'anthropologie normale et pathologique.

Ainsi, dans la préface et dans l'épilogue de *Cosmopolis,* M. Bourget expose nettement cette donnée anthropologique : malgré l'identité du milieu où plonge l'essaim oisif des « cosmopolites », chacun des individus qui le compose porte dans tous ses sentiments et dans tous ses actes le sceau de la race à laquelle il appartient.

Or, la race étant pour un peuple ce que le tempérament est à l'individu, il est aisé de faire coïncider la thèse de Cosmopolis avec cette conclusion fondamentale de la sociologie criminelle. Le crime est un phénomène déterminé, non seulement par les conditions du milieu, mais aussi par les conditions biologiques.

L'écrivain, dans l'épilogue de son roman, affirme en effet, que chaque personnage a agi en conséquence des facteurs anthropologiques de sa race et de son tempérament.

La comtesse Stèno s'est conduite avec ses amants comme une vénitienne du temps de l'Arétin ; Chapron, avec toute l'abnégation aveugle d'un descendant d'une race opprimée.

Gorka a été brave et insensé comme toute la Pologne et sa femme implacable et loyale comme toute l'Angleterre ; Maitlant est positif, insensible (?), volontaire et énergique comme toute l'Amérique.

Et puis, outre cette donnée, il y a dans Cosmopolis qui n'est pourtant pas le meilleur roman de M. Bourget, une foule de détails où les actions des personnages sont présentées d'une façon très humainement scientifique.

Ainsi il dit, à propos de la jeune Fanny Hafner : « Quoique protestante, elle est juive d'origine. C'est la descendante d'une race persécutée dans laquelle se sont développés les défauts des peuples proscrits en même temps que les vertus correspondant à ces défauts. Et nos ancêtres réapparaissent en chacun de nous, cent ou mille ans après leur mort ».

Tout le roman se fonde sur l'atavisme et l'hérédité biologique. Alba se suicide parce qu'elle est réellement, sinon légalement, la fille du suicidé Werekiew. Du reste, M. Bourget admet les théories de Jacoby et reconnaît que tous les détenteurs d'un monopole de richesse, de génie ou de pouvoir sont condamnés à la dégénérescence.

« Les cosmopolites, dit-il, sont presque toujours des fins *de race ;* *ils* consomment un héritage de forces accumulées par d'autres, ils dilapident un patrimoine biologique dont ils abusent sans l'augmenter. »

Même, et quoique spiritualiste, M. Bourget admet les opinions si discutées de l'anthropologie criminelle sur le rapport des caractères physiques et physiognomoniques avec les tendances intellectuelles et morales. Il parle des mains de Lydia Maitland qui a volé des lettres, forcé des serrures, écrit des lettres anonymes ; il nous les montre pareilles à des mains de singe, tellement les doigts en étaient souples, comme désarticulés et trop longs... ». La main est en effet longue et simiesque chez les voleurs de naissance et courte et trapue, chez les homicides héréditaires.

Encore un détail très minutieusement observé à propos de Lydia Maitlant : « un sourire féroce découvrant les dents des côtés de la bouche » (Il aurait été plus exact encore de dire d'un seul côté), Darwin et M. Lombroso ont signalé ce trait caractéristique de la physionomie criminelle : il m'a permis une fois, dans la maison de correction de Tivoli, de reconnaître et d'indiquer à mes élèves le seul enfant homicide qui se trouvât parmi les détenus.

Dans le domaine de la psycho-pathologie, M. Bourget fait aussi des observations exactes. Par exemple, à la page 451, il parle du « somnambulisme lucide de certains criminels » qu'il distingue nettement de l'état d'âme d'Alba Sténo, quand l'instinct du suicide s'éveille en elle.

Et pourtant la plus grande erreur scientifique, dans Cosmopolis, est une faute contre la psychologie.

En vérité, trop de gens confondent la psychologie normale et la psychologie criminelle et croient qu'elles sont toutes deux soumises aux mêmes lois et reconnaissables aux mêmes symptômes. Chacun juge à tort, d'après ses sentiments d'honnête homme, des sentiments des criminels.

Nous avons déjà montré dans l'essai critique de M. Graf sur l'Othello de Shakespeare et dans le raisonnement que Racine prête à Hippolyte, quand il repousse les calomnies de Phèdre, des exemples de cette erreur commune.

M. Bourget, excellent dans l'analyse, ou plutôt, comme je le montrerai tantôt, dans la description de la conscience normale, n'est pas aussi savant en psycho-pathologie. Il répète aussi (p. 271) que le *crime a ses lois de développement,* c'est-à-dire, en d'autres termes, que la tendance au crime le plus grave ne se manifeste pas tout d'un coup et qu'il existe une *carrière du crime.* Cette affirmation devenue, depuis Farinaccio, une phrase judiciaire toute faite, a pour elle la vraisemblance, mais elle est contraire à la vérité.

Cette vérité, l'école positiviste l'a révélée et démontrée. Il y a, certes, des criminels par habitude, qui commencent par de petits délits (enfance abandonnée) et arrivent peu à peu à la criminalité chronique, mais il existe aussi des criminels par tendances héréditaires (et ce sont les plus dangereux de tous) qui tout à coup, et parfois dès l'enfance, accomplissent les actes les plus atroces et les plus pervers.

La folie, le suicide et le crime, les trois douloureuses et navrantes maladies morales, peuvent se manifester chez l'adulte à la suite de ses excès ou des angoisses de son existence, mais souvent aussi elles atteignent l'enfant, avant et en dehors de ces causes, grâce à un germe héréditairement transmis et précocement, virulent.

Malgré cette erreur, réjouissons-nous de ce que la nouvelle science a trouvé en Cosmopolis une affirmation artistique si exacte, d'autant que M. Bourget est un spiritualiste, un de ces croyants de l'école de notre Fogazzaro désireux de concilier les données de la science expérimentale et celles de la religion.

Et ces deux artistes ne font point là des essais personnels ou uniquement inspirés par l'attrait du paradoxe. A Bruxelles, en 1892, au troisième congrès international d'anthropologie criminelle, un des plus ardents défenseurs de la nouvelle science était un prêtre, M. de Baets, - et M. Van Hamel reconnaissait dans ce fait l'influence du pape actuel.

Léon XIII est, en effet, doué d'une intelligence fine et lucide. S'il a permis à M. Brunetière de lancer le cri de *banqueroute de la science,* cette adjuration aux classes dominantes de rentrer dans le giron de l'Église, afin d'empêcher les conséquences logiques et pratiques du renouvellement des idées, il a pourtant déclaré aussi qu'il ne méconnaissait pas les conquêtes de la science moderne. Comment les méconnaître, d'ailleurs, au temps des rayons Roentgen ? Le souverain pontife voit bien que l'Église ne peut pas s'obstiner à ignorer ou à mettre à l'index les découvertes savantes. Ce serait nier le mouvement, à l'instar de l'ancien sophiste grec, et on sait que celui-là fut victorieusement réfuté par un auditeur qui, au lieu d'argumenter contre sa thèse, se mit à marcher devant lui.

La science a pour elle, et chaque jour plus irrévocablement, la grande force de la réalité vivante et du fait indestructible. Et, en dépit des tendances réactionnaires, le sentiment dans ses aspirations mystiques aussi bien que dans les géniales manifestations de l'art doit forcément s'incliner devant elle.

En dehors de Cosmopolis, l'oeuvre de M. Bourget nous présente encore la description psychologique de deux consciences anormales dans les héros *d'André Cornélis* et *du Disciple.*

Le sujet *d'André Cornélis,* tiré, paraît-il, *d'un* procès criminel, est une répétition de l'histoire d'Hamlet.

Un jeune homme soupçonne et veut découvrir l'assassin de son père. Ses recherches subtiles, à travers une foule d'indices de plus en plus pressants, le forcent à reconnaître cet assassin en la personne du second mari de sa mère. Et le meurtrier paie son crime de son sang. Mais tandis qu'Hamlet tue lui-même son beau-père, André Cornélis oblige le sien à se suicider en sa présence. Cette unique variante entre les deux catastrophes prouve encore une fois la lente substitution de la criminalité *intellectuelle ou évolutive,* ainsi que l'appellerait M. G. Ferrero, à la criminalité *atavique ou musculaire,* dont nous trouverons tantôt un exemple typique dans *l'Intrus* de M. d'Annunzio.

109

Du reste, le héros de Shakespeare et celui de M. Bourget sont profondément différents. Hamlet, ainsi que nous l'avons vu, représente merveilleusement le criminel lucidement fou ; André Cornélis est, au contraire, suivant la définition de la nouvelle école anthropologique, un pseudo-criminel, un de ces hommes équilibrés dont une action peut être matériellement criminelle, sans cependant être anormale, au point de vue moral. Il est, cet André Cornélis qui oblige un meurtrier à se suicider, de la catégorie des Jean Valjean, qui volent un pain pour ne pas mourir de faim.

Aussi, malgré l'étrangeté des circonstances et des incidents, la minutieuse et prolixe description de ses doutes, de ses angoisses, de ses incertitudes, de ses luttes psychiques n'est pas du domaine de la psychologie criminelle. Elle demeure sur le terrain commun de la psychologie normale.

La science psychologique de M. Bourget, ne va, en effet, jamais au delà des manifestations normales, même lorsqu'il a l'intention de décrire le monde criminel.

Sans cesse, il projette ses propres sensations et ses propres sentiments, très finement analysés d'ailleurs, dans ses personnages : il arrive ainsi à la reproduction automorphe de sa conscience normale et non pas à la reproduction d'un esprit vraiment déséquilibré.

Mais la psychologie criminelle a une anatomie et une clinique morales qui lui sont propres. Elle exige, outre une foule d'observations subjectives, une étude expérimentale de l'âme criminelle dans la vie sociale et dans l'observatoire clinique de l'asile d'aliénés et de la prison.

Voilà pourquoi, parmi les écrivains, Dostoïewsky est le Dante de la psychologie criminelle, aussi parfait dans la description fidèle de cette *Maison des Morts où il* a passé plusieurs années que dans la représentation shakespearienne de son Raskolnikoff, le héros de *Crime et Châtiment*. Pour celui-là, son expérience de la clinique criminelle ne lui a pas seulement permis d'en préciser la physionomie morale, mais, le guidant sûrement même en dehors du terrain propre de la psycho-pathologie, elle lui a montré, sous les apparences et les symptômes, les racines profondes et cachées de la volition, les diverses phases de l'idée criminelle, depuis sa naissance dans l'incertaine lueur de l'instinct, jusqu'à sa précise, impulsive et presque somnambulesque et automatique réalisation matérielle.

M. Bourget et ses imitateurs plus ou moins heureux font dans l'art, ce que tant d'autres font dans la science, car c'est évidemment plus facile : de la psychologie *descriptive*. J'ai distingué cette science superficielle de la psychologie *génétique,* dans mes études sur les homicides.

La psychologie descriptive se borne à représenter, souvent avec finesse, et, dans certains romans, dans *André* Cornélis, par exemple, avec une grande surabondance de paroles, les mouvements superficiels de l'esprit humain, les symptômes secondaires. Mais l'important, dans la science comme dans l'art, est de surprendre les premiers états de l'âme, les plus intimes, les plus cachés, où, dans le royaume obscur de l'inconscience, germe une volition.

Une idée criminelle arrive peu à peu, du crépuscule incertain de la velléité indistincte au « seuil de la conscience » et alors, nouvel exemple de la transformation des forces, si elle ne trouve pas de frein dans le cerveau ou si elle n'en trouve aucun d'assez puissant, et grâce à la complicité du milieu, elle se manifeste par l'impulsion extérieure et musculaire quand le système nerveux est arriéré ou malade, ou miné par la dégénérescence.

L'anatomie, dont l'objet est tout opposé à celui de la psychologie, a donné lieu aux mêmes errements.

Avant Darwin, on faisait de l'anatomie descriptive ; on étudiait superficiellement les organes, les tissus, les éléments organiques. Cette façon d'observer la vie est nécessaire et féconde, mais elle est insuffisante. Et il ne suffit pas même de faire de l'anatomie comparée entre les animaux et l'homme : c'est, sans doute, aller un peu plus loin dans les secrets de la vie, mais c'est encore faire de la science descriptive.

Il faut remonter jusqu'à la source, suivre la genèse des phénomènes, surprendre, dans les diverses phases de la vie individuelle et dans les diverses espèces correspondantes de l'échelle zoologique, les premières formes indistinctes, simples, embryonnaires, de l'organe que nous retrouvons, précis, complet et compliqué chez l'homme adulte. Nous n'en pourrions jamais rapprocher les deux termes si nous n'étions sûrement guidés par la série de ses transformations successives, du protozoaire jusqu'à nous.

Un point microscopique, à peine perceptible dans la masse grise et uniforme d'un protozoaire ou d'un mollusque se transforme, dans la série ascendante des organismes, en cette merveille physiologique et psychique, l'œil humain : il devient à la fois un instrument d'optique incomparablement précis et le révélateur fidèle des moindres mouvements de la conscience, si bien que la sagesse populaire l'a de tout temps appelé, - et cette vérité est indestructible, - le miroir de l'âme.

Dans l'anatomie morale, bien autrement difficile à étudier, il faut encore obéir à la même nécessité de ne pas décrire seulement les symptômes présents d'un état d'âme, mais en rechercher les plus lointaines, les plus dissemblables causes, dans les diverses stratifications psychologiques accumulées dans chaque individu par la transmission héréditaire d'une foule de générations. Générations éteintes, mais qui revivent en nous, comme nous vivrons dans l'âme de nos descendants les plus éloignés sous forme d'une irrésistible force inconsciente, méconnue des individus, mais fixée néanmoins dans l'essence même de leur être.

Ainsi le rayon de lumière parti, il y a des milliers d'années, d'une étoile maintenant éteinte, fait revivre cette étoile pour le regard triste ou courageux de la créature humaine, demandant à l'azur infini l'oubli de la terre avec l'espérance.

Cette analyse profonde manque complètement dans l'œuvre de M. Bourget, tissu d'arabesques psychologiques fins, élégants et parfois lumineux, mais brodés sur la surface de l'âme humaine.

Il faut en dire autant du *Disciple* où cependant, sous l'essai artistique d'une dissection psychologique, perce une intention polémique. C'est, en effet, l'ancienne accusation faite à la science d'être la source du mal et de l'immoralité sur la terre, que renouvelle ce roman.

La même roue tourne éternellement. L'humanité civilisée, sortie du mysticisme ténébreux, tourmenté, hystérique, du Moyen âge, belle de son immortelle jeunesse, a demandé à la Renaissance des arts et des sciences l'insaisissable bonheur. Cet élan a duré jusqu'à nos jours, malgré les secousses convulsives des révolutions violentes, grâce à la force acquise par la science, qui s'est miraculeusement développée depuis un siècle, sous l'haleine féconde de la méthode positive, dans l'atmosphère oxygénée de la pensée libre.

A l'heure où cette renaissance scientifique permet d'annoncer et de pressentir un renouveau de la vie, un temps où l'air pur, la lumière et la terre seront accessibles à tous les humains, beaucoup se prennent à désirer une rétrogradation de l'évolution fatale, un retour au Moyen âge tourmenté, hystérique et mystique, à ce Moyen âge qui nous a pourtant laissé d'innombrables documents de son immoralité.

De là, les accusations faites à la science d'avoir provoqué la crise morale actuelle et les contre-coups inévitables de cette crise sur tous les individus moins équilibrés et moins capables de résistance. Mais la crise morale est un reflet de la crise sociale : elle s'y rattache comme la pourriture et les vers aux corps en putréfaction rénovatrice. La lampe qui éclaire ces vers et ces moisissures ne les a pas fait naître : ils proviennent d'une dissolution organique, ils indiquent d'ailleurs le premier moment de nouvelles formes de la vie.

Le *Disciple* est un jeune homme épris de physio-psychologie scientifique. Cet admirateur d'Adrien Sixte, l'auteur d'ouvrages sur l'Anatomie *de la volonté* et sur la *Psychologie de Dieu,* est entré comme précepteur dans une famille de l'aristocratie. Il y a là une jeune fille sur laquelle le *Disciple* entend faire des « expériences psychologiques d'amour ». Elle, naïve, anémique, suggestionnable, s'éprend de lui secrètement. A la veille d'un mariage princier, conclu à la hâte, malgré sa certitude de ne pouvoir l'épouser, elle a avec lui un

113

rendez-vous suprême et, subissant la contagion de ses projets de suicide, elle se donne à lui pour mourir après l'extase, avec son amant... Mais le délire érotique, en s'évanouissant chez le *Disciple,* emporte avec lui la volonté de mourir : il refuse le poison, malgré les insultes atroces de la jeune fille, et elle s'empoisonne après avoir confié à son frère son terrible secret.

On intente un procès pour meurtre à Robert Greslou. Il est sur le point d'être condamné quand le frère de la suicidée vient révéler la vérité à la Cour d'assises. - Greslou est acquitté de l'accusation d'avoir matériellement tué son amante : mais, le considérant comme l'auteur moral du crime, le frère de la victime tue le *Disciple* quelques heures après son acquittement, car il partage cet ancien préjugé barbare que tuer un homme c'est « faire justice ».

Presque tout le roman se déroule dans le mémoire autobiographique que Robert du fond de son cachot, envoie à son maître Adrien Sixte, et ce mémoire est un essai de dissection morale, ne dépassant pas le niveau d'une psychologie ordinaire, purement descriptive.

M. Bourget a puisé l'inspiration de cet ouvrage dans le procès du jeune Chambidge, l'étudiant algérien hystérique et dégénéré supérieur, qui tua une dame, en 1888. Celle-ci, femme heureuse, mère exemplaire, mais nerveuse et hypnotisable, devint - par suggestion hypnotique, dit-on - amoureuse de Chambidge et se rendit un jour chez lui, à sa villa. Après l'extase érotique, il la tua à coups de révolver et tenta en vain de se suicider ensuite. Il fut condamné à huit ans de travaux forcés. Dans son cachot, il a écrit des mémoires où il essaie d'analyser sa vie physiologique et psychique.

Mais la donnée et les matériaux du *Disciple* importent moins que les intentions polémiques de l'auteur. Et je ne puis m'empêcher d'opposer à ses idées sur l'immoralité de la science cette limpide et convaincante réponse de M. Richet, parue dans la *Revue scientifique* (août 1889).

« Nous n'avons pas à étudier ici le côté littéraire et le côté romanesque du *Disciple*.

114

« Ce qui nous intéresse, c'est de démêler, si possible, le rôle que le savant philosophe, Adrien Sixte, le maître intellectuel de Greslou, a joué dans le crime commis par son disciple. A quel point le vieux et honnête savant qui jadis, dans son austère réduit, composa un livre sur *l'Anatomie de la volonté* et un autre sur la *Psychologie de Dieu,* peut-il être rendu responsable de toutes les infamies que va commettre Greslou ? Suffit-il que Greslou s'appuie sur les ouvrages du maître pour que le maître soit incriminé ? M. Bourget n'a pas osé trop insister sur ce point délicat, et même il semble qu'il n'ait pas d'opinion bien nette à ce sujet, puisqu'il insiste sur le côté maladif, mobile, maniaque, presque vicieux dès l'enfance, qui caractérise le triste héros de ce drame. Assurément, Adrien Sixte n'est pas la cause de ces instincts de mensonge, de sensualité et d'hypocrisie : dès le début, Pierre Greslou fut un être mal équilibré, pervers, un de ces criminels-nés dont les savants psychologues italiens sont en voie de nous faire l'histoire naturelle détaillée.

« Mais Greslou, au moment de l'adolescence, alors que l'intelligence s'ouvre à toutes les idées qu'on lui soumet, a lu les livres d'Adrien Sixte ; il les a dévorés, il s'en est imprégné. Aussi, à peine est-il sorti de l'école et entré dans le monde, c'est-à-dire dans le château de Jussat, qu'il veut mettre à l'épreuve les théories de Sixte et séduire Melle de Jussat. Qu'est-ce qui a pu lui inspirer cette idée saugrenue ? Serait-ce par hasard le livre de Sixte sur l'anatomie de la volonté ? Ici, nous devons l'avouer, le rapport entre le maître et l'élève ne se voit pas bien, car, enfin, dans quelle partie de ses oeuvres Adrien Sixte recommande-t-il de séduire une jeune fille ? Est-ce que cela fait partie de la psychologie générale ? Bizarre entreprise, digne d'un pion, non d'un savant, que d'aller étudier l'amour en menant à mal, à force d'hypocrisies et de mensonges, cette noble et généreuse Charlotte de Jussat. Sixte ne se souciait guère de l'amour, étant plongé dans une de ces profondes psychologies où l'amour ne joue qu'un rôle bien médiocre. Sixte n'a jamais recommandé l'amour, coupable ou non. Sans avoir lu son livre, nous pouvons être assurés qu'on n'y trouvera pas un seul passage où Greslou puisse trouver un point d'appui pour s'excuser.

« Greslou a donc - cela n'est pas douteux – trouvé en lui-même et non dans le livre de Sixte tous les éléments de son forfait. Ce déséquilibré, ce raté, ce maniaque atteint de manie raisonnante n'a pas eu besoin d'un maître pour être un malfaiteur. Il était tout prêt à l'être et le livre de Sixte ne fut que l'occasion de son crime. Il aurait lu Balzac ou Stendhal, ç'aurait été la même chose. S'il n'avait eu sous la main que Tacite ou Suétone, il aurait pris Tacite ou Suétone pour ses inspirateurs. Alors pourquoi accuser de son crime l'innocent Adrien Sixte ?

« Même à supposer qu'il y ait dans le livre de Sixte des négations de toute morale, de la morale sociale, comme de la morale individuelle, cela n'impliquerait aucunement l'innocence de Greslou . .

. . . .

. . . .

« Il y a quelques mois, on parlait beaucoup d'un petit gredin nommé Chambidge qui a inspiré certainement M. Bourget. Chambidge est une autre sorte de maniaque, c'est un fou dans le genre de Greslou, et, s'il est possible un plus lâche coquin encore, puisqu'il a eu cette peur de la mort qui est un des derniers degrés de la lâcheté. Mais, malgré les connaissances littéraires de Chambidge, jamais on a songé à prendre au sérieux les phrases prétentieuses de ce polisson et à faire retomber son crime sur les romanciers ou les philosophes qu'il disait avoir étudiés.

. . . .

« Mais revenons à Pierre Greslou. Il semblerait d'après l'auteur, que les théories de M. Sixte ont déterminé ses actes. Cela me paraît très hypothétique. Est-ce que jamais une théorie abstraite a pu conduire à un mouvement de la passion ? Depuis quand une idée religieuse empêchât-elle un acte coupable d'être exécuté ? L'ivrogne a beau savoir que l'alcool est funeste, quand il se trouve en présence d'une bouteille de vin, il ne pourra s'empêcher de la boire...   Les hommes sont menés par des passions, non par des idées abstraites. C'est même un phénomène bien surprenant, assez peu honorable pour notre pauvre raison humaine que de voir l'impuissance presque absolue des idées à passer dans le domaine des réalités. Parce qu'un raisonnement a ébranlé notre conviction cela ne change pas notre conduite. On peut dire que nous faisons tous, les uns et les autres, deux parts de notre vie : l'une de théorie, l'autre de fait, qui n'est pas touchée par la théorie. Nous nageons dans une contradiction perpétuelle qui serait grotesque si elle n'était générale et sans exception. Le chrétien convaincu devrait sauter de joie en apprenant la mort de son enfant emporté dans un monde meilleur, devenu un ange du ciel, au lieu d'une misérable créature   exposée au péché.... Le matérialiste devrait se renaître des plus grossières jouissances, sans se préoccuper de justice, de charité, de gloire, soucieux seulement de s'éviter à lui-même la misère et la maladie.....

« D'ailleurs, depuis qu'il y a des hommes et des écrivains, tout a été dit, tout a été osé. On n'a reculé devant aucune affirmation quelque téméraire qu'elle ait pu paraître. Alors ceux qui veulent commettre une mauvaise action peuvent invoquer, pour s'excuser, le texte qui leur plaira. Ils ne seront pas embarrassés de trouver ce texte dans le colossal recueil des littérateurs de tout pays et de tout temps. Mais prétendre que Sixte est la cause du crime de Greslou et faire remonter la responsabilité du forfait de Greslou au philosophe qui a émis sur la morale et la métaphysique certaines idées plus ou moins subversives et contraires à l'opinion vulgaire ; c'est comme si on allait rendre les chimistes responsables des crimes commis avec la dynamite.... »

« Le livre de M. Bourget a été interprété par un éminent critique, M. Brunetière, dans un sens qui est précisément l'inverse du nôtre. M. Brunetière ne craint pas de déclarer que Sixte est coupable, très coupable. Ces philosophes, dit-il, qui osent tout attaquer, tout mettre en question et tout nier sont aussi coupables, sinon plus, que Greslou. Le savant dans son laboratoire et le philosophe dans son livre ne s'occupent pas du sens que le vulgaire va donner à leurs découvertes ou à leurs théories. Eh bien, dit M. Brunetière, il est temps que cet état d'indifférence cesse. Les savants sont responsables de ce qu'ils écrivent. Certaines limites ne doivent pas être franchies, et il est nécessaire de leur montrer à tous qu'un penseur commet une mauvaise action quand il néglige les conséquences qu'on pourra tirer de ses écrits .....

« On voit où conduit le crime de Greslou. Il amènerait presque M. Brunetière à imposer une orthodoxie en matière de science, une sorte de doctrine officielle, pour la physique comme pour la métaphysique,

117

dont il ne serait pas permis de s'écarter. Hélas, cette orthodoxie quelle qu'elle soit, est tout simplement la négation de toute science. Du moment qu'on ne laisse pas la science errer et, s'il le faut, divaguer en pleine liberté, c'en est fait du progrès. Les maîtres dans l'art de penser ont tous été de grands révolutionnaires. Si on les avait muselés sous prétexte d'orthodoxie, nous en serions encore à ergoter sur la *Somme* de saint Thomas ou la *Rhétorique* d'Aristote. Il est heureux pour Descartes qu'il ait pu vivre en Hollande ou en Suède ; Giordano Bruno n'a pas eu cette heureuse fortune, ni Calvin, ni même Galilée. En un mot, il n'y a de progrès que s'il y a une liberté absolue de penser, et la liberté de la pensée implique la liberté de l'erreur.

« Donc, en dépit de M. Brunetière, nous dirons aux savants, philosophes ou physiciens, médecins ou chimistes, astronomes ou géologues : allez de l'avant, hardiment, sans regarder derrière vous, sans vous occuper des conséquences, logiques ou absurdes, qu'on pourra déduire de vos travaux. *Cherchez la vérité, sans avoir le souci des applications qu'elle comporte ; soyez sûrs qu'une vérité est toujours bonne à dire et que ni la morale, ni la société, ni l'humanité ne peuvent avoir pour bases l'erreur et la routine.* »

Et j'ajouterai, de mon côté, que M. Brunetière a beau se faire le porte-voix de la réaction spiritualiste contre la science positive et attribuer à cette science les crimes qui en prennent les apparences, grâce au mimétisme social dont j'ai parlé déjà à propos des criminels politiques. La science ne crée pas de criminels, mais les théories scientifiques étant à la mode, elles colorent les tendances des déséquilibrés, des criminels, des dégénérés enfin. M. Brunetière devrait expliquer pourquoi au Moyen âge, les délires féroces ou extravagants des dégénérés avaient un caractère religieux.

L'histoire de la psychiatrie nous apprend que le délire de persécution prenait toujours une forme religieuse dans les siècles passés : les malades se croyaient alors persécutés par le diable ou par les sorcières. Aujourd'hui, ils se disent persécutés par l'électricité ou par le magnétisme : les possédés n'existent presque plus. Leur aberration religieuse a été remplacée par une aberration scientifique. Le crime a suivi une évolution pareille.

Et si le raisonnement de M. Brunetière pouvait être accepté en ce qui concerne le *Disciple, il* aboutirait à cette conséquence inexorable que, la théologie et l'Église sont responsables des crimes religieux des siècles passés - de l'assassinat d'Henri III par Jacques Clément, par exemple.

La vérité est que chaque pays, chaque moment historique produit une certaine quantité de dégénérés, de déséquilibrés. La conscience collective les ignore aux périodes de calme. Ils sont toujours présents dans la société, comme les maladies infectieuses : mais, comme l'a bien démontré M. Héricourt, à l'état atténué, de sorte que le choléra s'appelle dysenterie, la fièvre typhoïde malaise intestinal. Au moment d'une crise sociale, le déséquilibre s'accroît ; les esprits s'exaltent réciproquement, les délires et les crimes augmentent et se teignent des couleurs de l'idée la plus en vogue. De même, quand agissent des influences ambiantes non encore nettement précisées, les microbes du choléra ou du typhus ont une exaltation de vitalité et donnent lieu à des épidémies très fortes que le préjugé vulgaire attribuait jadis aux *untori.* Et ces anciens préjugés ressemblent à ceux de certains critiques attribuant aux « maîtres » les crimes ou les lâchetés « des disciples » dégénérés ou à demi-fous.

Du reste, il suffit d'observer les manifestations normales de la vie pour s'apercevoir que les théories scientifiques, les croyances religieuses et les opinions politiques ont une bien petite influence sur les actions des individus. Chacun de nous agit suivant son tempérament physio-psychique, modifié par les conditions physico-sociales du milieu.

Et même, les croyances, les opinions et les théories résultent presque entièrement de ce tempérament et de ce milieu, car nous naissons idéalistes ou positivistes, mystiques ou matérialistes, réactionnaires ou radicaux, athées ou croyants, et dans la variété des opinions scientifiques ou religieuses ou politiques qui nous entourent, chacun de nous puise et s'approprie ce qui convient le mieux aux dispositions embryonnairement contenues et organisées dans sa personnalité physiologique et psychique.

Il y a eu des paresseux et des laborieux et des impulsifs, des résignés et des rebelles, des enthousiastes et des sceptiques, des rêveurs et des gens pratiques, des équilibrés et des déséquilibrés et aussi des tempéraments sanguins ou nerveux ou lymphatiques, des êtres sains ou dégénérés partout, dans tous les temps, chez tous les peuples, parmi les fatalistes musulmans comme chez les catholiques, chez les bouddhistes aussi bien que chez les Quackers et au temps de la métaphysique spiritualiste comme il y en a sous le règne du positivisme expérimental.

Les types humains, les normaux et les anormaux, sont fondamentalement toujours les mêmes, ou du moins leurs variations anthropologiques ont été si minimes dans les quelques milliers d'années appartenant au domaine de l'histoire qu'on peut les considérer comme négligeables.

Ce sont les différences et les variations de l'habitat ou du milieu social qui donnent des formes et des attitudes diverses aux facultés et aux activités des individus dans leurs manifestations sociales, artistiques et savantes.

Ces conditions historiques générales du milieu forment donc la base des phénomènes individuels, dont il ne faut pas rechercher la genèse dans les efflorescences coloriées ou ternes de la science et de l'art, puisque ces manifestations ont aussi la même origine et dépendent de la même cause commune à toutes les formes normales ou anormales de l'activité humaine.

Et, pour en revenir au cas de Pierre Greslou, à propos des crimes dans l'art et dans la vie, je puis citer un document humain, aussi authentique que persuasif, dont j'ai parlé déjà dans *l'Homicide*, dans *l'Anthropologie criminelle, Turin, 1895* .

C'est la description, faite par M. Marandon de Montyel, un des jeunes talents de la psychiatrie française, du cas récent du bijoutier Jules B., pris de tentations homicides à la suite de la lecture de la *Bête humaine* de M. Zola [27]. Les journaux de l'époque (par exemple le Gil Blas du mois de mars 1890), avaient parlé de ce cas comme d'un effet de la littérature naturaliste.

« Jules B., fils de parents malades et névropathe lui-même dès l'âge de quatre ans, tombé, à treize ans, du haut d'une échelle et une autre fois, à quatorze ans, dans la Seine, condamné une fois pour vol, est un véritable dégénéré, sujet à des accès de spleen et de faiblesse mentale.

« La vue de ses instruments de travail ne lui donne aucune obsession maladive, mais celle d'instruments, même semblables aux siens, quand ils lui sont moins familiers, éveille en lui des impulsions criminelles assez fortes pour lui causer une anxiété passagère. Ainsi, il ne peut supporter la vue des instruments de travail de son associé. Cependant, il lit la *Bête humaine* et s'intéresse à la description de l'idée fixe du meurtre chez Jacques Lantier.

« Un soir, il achève de lire le roman avant de s'endormir, près de sa femme et de ses enfants. Il est encore tout plein des choses lues » (elles se sont même, à mon avis, d'autant mieux gravées dans son esprit à cause de l'affaiblissement cérébral qui accompagne l'isolement et la somnolence). « L'obsession prit-elle dans le sommeil la forme d'une hallucination ? Jules ne saurait le dire. Il a perdu tout souvenir de ses rêves nocturnes.

« Il est certain que le lendemain l'impulsion homicide le saisit tout d'un coup, que la vue de sa femme, de ses enfants et des instruments de travail de son associé augmente l'obsession de l'idée fixe. Il sent qu'il *doit* tuer sa femme et ses enfants pour obéir à une force impérieuse, irrésistible. Il essaie de lutter tout le long du jour et finit par prier sa femme et son associé de le surveiller. Et le jour suivant, de crainte de ne pouvoir plus se maîtriser, il va se livrer au commissaire de police et se faire enfermer dans l'hospice de Sainte-Anne. »

---

[27]   Marandon de Montyel, *Impulsions homicides consécutives à la lecture d'un roman passionnel chez un dégénéré (Annales médico-psychologiques, juin 1894).*

Si ce dégénéré à la folie lucide avait réellement assassiné, le public n'aurait pas cru à son aveu et au diagnostic de l'aliéniste démontrant son obsession maladive.

Heureusement, cette obsession n'avait pas encore atteint son plus haut degré d'impulsivité. Elle n'était pas encore devenue cette « force irrésistible » qui, malgré l'usage et l'abus qu'on en a fait dans les salles de justice, n'en demeure pas moins une vérité humaine incontestable. Mais l'exemple est convaincant. L'impulsion homicide, plus ou moins semblable aux manifestations décrites par le romancier de la *Bête humaine,* n'est pas le produit de la suggestion artistique, c'est le stigmate psychique d'une dégénérescence mentale.

Sans doute, l'influence du roman est réelle : mais elle détermine simplement *la forme* de l'impulsion, chez des individus prédisposés à la subir, par suite d'une dégénérescence héréditaire. Cent mille personnes peuvent lire impunément le récit d'un suicide étrange dans un journal : une seule l'imitera, et c'est par suite d'une prédisposition naturelle, parce qu'elle se serait suicidée, quand même il serait défendu aux journaux de raconter des faits de ce genre.

Pour en revenir à M. Paul Bourget, s'il laisse entrevoir que l'immoralité du *Disciple* provient des théories scientifiques de son maître et non point d'un organisme héréditairement dégénéré, s'il se sert d'un vieux cliché pour soutenir sa thèse, dans l'épisode où Adrien Sixte prie à genoux, le soir où le *Disciple* est tué en duel : il n'en demeure pas moins vrai que le même Bourget, en la même année 1889, quelques semaines avant de publier son roman, écrivait d'un bien autre style la préface du volume de M. Bataille, *Causes criminelles et mondaines de 1888.*

En tête de ce livre, où se trouve justement une excellente relation du procès Chambidge, l'auteur du Disciple soutient que l'on ne peut imputer aux vérités hardies de la littérature romantique ou des théories scientifiques l'origine de crimes semblables à celui de l'étudiant algérien, qu'il prend à tort, d'ailleurs, pour le prototype de la génération nouvelle. Non : Chambidge n'est qu'un microbe devenu plus virulent, et partant plus visible dans un moment de crise sociale et morale.

Mais M. Bourget a raison de rappeler à propos de l'im*moralité littéraire* ces lignes écrites en 1850 par Stendhal :

« ... Hé, monsieur, un livre est un miroir qui se promène sur une grande route. Tantôt il reflète à vos yeux l'azur des cieux, tantôt la fange du bourbier de la route. Et l'homme qui porte le miroir dans sa botte sera par vous accusé d'être immoral ! Son miroir montre la fange et vous accusez le miroir ! Accusez bien plutôt le grand chemin où est le bourbier et plus encore l'inspecteur des routes, qui laisse l'eau croupir et le bourbier se former. »

On pourrait en dire autant du crime de Chambidge, ajoute M. Bourget. C'est vrai, mais on en peut aussi dire autant du cas de Robert Greslou.

« Il est facile, écrit encore l'auteur du Disciple, de rendre la littérature responsable de la maladie morale élaborée dans cette âme par ce travail de dix années, et la malveillance n'y a pas manqué, comme si la littérature avait jamais eu la moindre action sur des âmes non préparées.

« *Quand un diabétique se* fait *une légère blessure, il* meurt. *Ce n'est pas* cette blessure qui le tue. Elle a simplement manifesté un état général qu'un autre *accident aurait rendu funeste.* »

Nous acceptons de grand coeur cette éloquente plaidoirie et non pas seulement au point de vue littéraire. On peut tout aussi bien l'appliquer à la science, contre les tendances anti-scientifiques et à l'insinuation que l'auteur de la préface faisait paraître quelques semaines plus tard dans un roman psychologique.

En Italie, le roman contemporain devenu psychologique, a pour héros des criminels.

Mais avant de parler du roman italien je veux rappeler un conte de Coppée, un récit ciselé dont la donnée complexe sort un peu de l'orthodoxie tranquille et rangée du brillant écrivain.

Le *bon* Crime (dans les Contes tout simples, Paris, Lemerre, 1894), est le récit d'un meurtre commis par amitié sur la demande de la victime, incapable de se suicider.

Le père Volcan a un gros poids sur la conscience et il demande à son curé de résoudre un grave problème.

Il lui raconte comment, étant militaire, il s'est lié d'amitié fraternelle avec un jeune volontaire, comment cet ami l'a recueilli, blessé, sur le champ de bataille et lui a prouvé son attachement après qu'il est parti en congé définitif pour devenir gardien d'un chantier. C'est dans ce chantier que, quelques années plus tard, il a vu une nuit arriver son ancien sous-lieutenant, son compagnon d'armes, Pascal, l'ex-militaire. Son ami l'a conduit, dans les ténèbres, dans un quartier désert : là, il lui a raconté ses malheurs commerciaux. Son associé l'a trahi et il est à la veille de la banqueroute lui, décoré de la Légion d'honneur : et demain, ce sera la misère atroce pour sa femme qu'il adore et pour ses enfants.

Sa vie est assurée, mais les assureurs ne donneront aucune prime à sa veuve s'il se suicide. Aussi demande-t-il à son ami, à son frère d'armes, de le tuer d'un coup de couteau, puis d'emporter son portefeuille et sa montre et de s'eu retourner bien vite à son chantier lointain pour que tout le monde croie à un vol suivi d'assassinat, ... et pour que sa femme et ses enfants aient du pain.

« Je sais bien que je vole les assureurs. Mais, bah ! la Compagnie est riche... » (J'ajouterai, par parenthèse, que beaucoup de compagnies d'assurance, s'appuyant sur les données de la psychiatrie n'excluent plus même les cas de mort volontaire : elles savent que, malgré l'apparence, on ne se suicide pas à volonté).

« Et puis, ça, c'est l'affaire de ma conscience : je m'en explique-rai avec le Bon Dieu, s'il y en a un.... Pour toi, je te demande simplement de rendre ce dernier service à ton ami, à ton compagnon d'armes. Voyons, mon vieux, as-tu compris ?

« Certes ! oui, j'avais compris. Mais j'étais glacé jusqu'aux moëlles. Le tuer de ma main ! mon lieutenant ! mon seul ami ! Non ! non ! Jamais je n'aurais ce courage-là !

« Mais il me prit les mains, me supplia, avec des caresses d'enfant, en pleurant sur mon épaule... Le mal-heureux, qui comptait bien que je finirais par consentir, avait dit à sa femme, après dîner, qu'il souffrait d'une migraine, qu'il allait faire une longue promenade... Quoi de plus vraisemblable qu'une attaque nocturne et le meurtre d'un promeneur solitaire ?... Oh ! je vivrais mille ans, que je m'en souviendrais toujours, de l'heure épouvantable que j'ai passée là, dans la nuit, sur ce banc désert, à entendre mon pauvre Pascal sangloter et me demander la mort !

« Enfin, à force de me prier, à force de m'apitoyer sur les siens (tant pis si je vous fais horreur M. le curé), il me décida à faire ce qu'il voulait... Je lui ai obéi... Qui, pour le suprême adieu, je l'ai serré contre mon cœur, je l'ai baisé sur la bouche, comme dans la salle d'armes, avant l'assaut et je l'ai frappé en pleine poitrine et je me suis enfui comme si mes habits avaient pris feu... »

Et le curé, à la fin du récit où se réalisent les prévisions du mort, répond à l'ancien soldat : « Mon ami, si nous étions au tribunal de la pénitence, mon devoir serait de me rappeler avant tout le saint commandement « Homicide point ne seras ». Et je n'aurais qu'à vous ordonner de vous repentir de votre action... Mais ici, je me contente de vous tendre la main et de vous dire : « Vous êtes un brave homme ».

Le père Volcan n'est donc pas un criminel, mais un pseudo-criminel. C'est un homme normal, qui agit pour des motifs avouables, honnêtes, généreux. Car nos actions sont morales ou immorales, selon la moralité ou l'immoralité des motifs intérieurs qui les déterminent.

Un acte matériellement bienfaisant peut être en réalité méprisable s'il est inspiré par un but ignoble de séduction ou de chantage.

Le meurtre d'un homme est un crime atroce quand il est causé par la haine ou la convoitise, et c'est une action légitime ou même morale quand elle provient de la nécessité de se défendre personnellement, d'un élan d'amour maternel (nous en verrons un exemple dans les *Revenants* d'Ibsen) ou d'une grande amitié.

Dans ces cas - et le problème consiste à prouver que ceux-là et non pas d'autres motifs ont poussé au crime - le meurtrier n'est pas un homme anti-social et il n'est pas punissable. J'ai démontré, il y a plusieurs années, contre les théories admises et en dépit des codes, que si les lois contre le suicide ont été abrogées partout (sauf en Angleterre, en Russie et dans l'État de New-York) si l'on a dû, enfin, reconnaître à l'homme le droit de mourir, on ne peut lui refuser celui de se faire tuer, quand il n'a pas la force morale et les moyens matériels de se tuer lui-même.

Rien de plus barbare, par exemple, selon moi, que de dénier ce droit de mourir aux condamnés à mort. Quand ces malheureux tentent de se suicider, on leur prodigue des soins féroces, on les guérit, on les sauve, pour pouvoir ensuite les assassiner légalement, au nom d'une justice qui serait plus humainement satisfaite si on les renfermait dans une colonie agricole, si on évitait l'aberration stupide et hypocrite du cachot pour préserver la société de leur contact. On devrait agir envers eux comme envers les coléreux et les fous : ce serait, du même coup, rendre un plus grand service à la société qui n'a rien à gagner en perpétuant et en fomentant la contagion de la violence sanguinaire.

J'ai développé ailleurs amplement *(L'homicide-suicide,* 4e édition, Turin, 1895, et Droit *de mourir,* dans la *Revue des Revues,* 1er avril 1895), cette théorie psychologique et juridique. Inutile de la répéter ici au sujet du meurtre imaginé par M. Coppée et de tous ceux réellement accomplis dans des conditions pareilles.

Le colonel Combes a tué d'un coup de pistolet un compagnon d'armes gravement blessé sur le champ de bataille, son ami lui demandait cette suprême preuve d'affection, pour n'être pas piétiné par les chevaux de la cavalerie ennemie. Le comte F., prévenu d'assassinat, a reçu de sa femme, pendant que j'étais professeur à

Bologne, le poison qui lui a épargné une condamnation infamante. L'héritier présomptif du trône d'Autriche, Rodolphe, a tué la belle baronne Vetzchera et tourné ensuite contre lui-même l'arme meurtrière... Sous des noms divers, ce même drame se répète à l'infini dans les chroniques des journaux.

Ma théorie, que l'on puisse aider au suicide et tuer un homme sur sa demande, a choqué les criminalistes classiques parce qu'elle a porté dans le vieux monde des syllogismes juridiques l'écho et le mouvement de la vie contemporaine. Mais ces syllogismes savants sont des feuilles desséchées de l'arbre de la science, et, d'autre part, ma théorie me semble d'autant plus vraie depuis que j'ai trouvé dans l'art une confirmation si positive et si suggestive de mes idées, - depuis que des écrivains opposent la sincérité hardie d'une morale positivement humaine aux sous-entendus et aux hypocrisies d'une morale traditionnelle et conventionnelle.

Tullius Hermil, le héros de l'Intrus, de M. Gabriel d'Annunzio, est un de ces chenapans bien mis que l'on coudoie sur les trottoirs des grandes villes. Il est, par suite d'une atrophie congénitale du sens moral et d'une relative hypertrophie du moi, surtout du moi sexuel, un véritable criminel-né. Sans doute, il n'a pas recours aux moyens ingénus et primitifs du poison ou du couteau pour tuer une créature humaine, mais il n'en est pas moins pervers et dégénéré pour cela.

Amoureux de sa femme, Julienne, il lui impose des tourments moraux, des affres psychiques plus insupportables que les tortures matérielles pour les âmes et les corps délicats. Il la trompe avec d'autres femmes, mais il apprend qu'elle a, de son côté, pris un amant dont elle est enceinte.

Cependant, grâce à une série d'adaptations psychologiques, grâce aussi à la puissante vitalité de son amour, qui se rapproche de l'érotomanie, si fréquente chez ces sortes de dégénérés, Tullius ne cesse pas d'aimer Julienne.

L'adultère du mari ou de la femme ne devrait pas être considéré comme une atteinte à la propriété, mais comme une insupportable

127

déloyauté. - Il est absurde ou barbare de réagir violemment contre l'homme ou la femme adultère : il est humain de l'abandonner, de répondre par la séparation à la trahison hypocrite.

Quoique la physio-psychologie positive offre d'innombrables et efficaces moyens de stratégie psychologique pour guider l'amour et le maintenir vivant et sain, grâce à une savante hygiène morale, il est vrai de dire qu'on ne commande pas à la passion. Aussi l'adultère est-il trop souvent inévitable dans le mariage indissoluble, où le fruit défendu mûrit dans le milieu oisif de certaines classes sociales pour lesquelles il devient un « sport ». -Cela ne sera plus quand le mariage cessera d'être un marché, quand on pourra le rompre et débarrasser l'atmosphère familiale d'une cause de trouble que la crise sociale fait pénétrer aujourd'hui comme un poison subtil dans toutes les maisons et toutes les veines.

Mais ce qu'il y a de vil dans l'adultère, ce n'est pas l'atteinte portée à une « propriété individuelle » : c'est la déloyauté de l'acte, sa sournoiserie, son hypocrisie. Franchement avoué, c'est un malheur comme un autre, ce n'est plus une action répugnante.

Tullius Hermil ne l'entend pas ainsi, surtout en ce qui concerne l'enfant adultérin. Et si l'instinct sexuel prédominant chez lui le pousse à aimer encore la femme adultère, il ne pardonne pas à l'intrus. Il le tuera, pour s'en débarrasser et pour se venger du péril auquel sa naissance a exposé la mère. Car Tullius craint de la perdre et que l'intrus lui survive.

« Du jour du baptême commença la dernière période de cette *démence lucide* qui devait me conduire au crime. De ce jour commença la préméditation du moyen le plus facile et le plus sûr de faire mourir l'intrus. »

Voilà le caractère fondamental du criminel-né. Il prémédite un crime froidement, lucidement, comme un homme normal pense aux moyens d'accomplir une action honnête.

Il peut aussi y avoir préméditation chez le criminel par passion, mais elle représente alors une lutte entre le sens moral résistant à l'auto-suggestion criminelle et la tempête passionnelle qui finit par abattre tous les obstacles, surmonter toutes les résistances et produire au grand jour et devant témoins une catastrophe violente. Et l'ouragan psychologique finit par le suicide immédiat du criminel, à peine la décharge nerveuse s'est accomplie dans l'accès homicide.

Chez le criminel-né la préméditation est au contraire une préparation du crime, la recherche des moyens d'exécution d'une idée déjà précise et ne suscitant aucune répugnance, aucune résistance psychique.

Dans l'un, la préméditation a une origine altruiste : le souci de la victime ; dans l'autre, elle a une origine égoïste, le désir du criminel d'échapper aux conséquences de son crime.

« Une préméditation froide, aiguë, constante », continue Hermil, « absorba toutes mes facultés mentales.

L'idée fixe me possédait tout entier, avec une force et une ténacité incroyables (le terrain était propice, en effet, à cause de son a-moralité congénitale).

« Tandis que tout mon être s'agitait en une angoisse suprême » (par préoccupation égoïste cependant) « l'idée fixe le dirigeait à son but comme sur une lame d'acier claire, droite, rigide. Ma clairvoyance semblait triplée. »

(Le criminel par passion, au contraire, perd la tête). « Rien ne m'échappait de ce qui se passait en moi ou hors de moi. Ma circonspection ne m'abandonna pas un instant. Je ne dis et ne fis rien qui pût éveiller un soupçon, étonner quelqu'un. Je simulai et dissimulai sans cesse, non seulement avec ma mère, mon frère et les autres, inconscients de la chose, mais même envers Julienne. »

L'Intrus est le meilleur ouvrage de la seconde manière de M. d'Annunzio. Cet écrivain a subi, après ses premiers essais, l'influence de l'art septentrional. On s'en aperçoit dans *Giovanni E*piscopo, son premier roman, sorte d'expertise psychologique un peu sèche et anguleuse dont le héros, homicide par occasion et neurasthénique moral, a été certainement peint en partie d'après nature, aussi bien que Tullius Hermil, d'ailleurs. Et l'influence de la littérature du Nord est encore visible dans le *Triomphe de la mort,* sorte de caricature du genre, où un dégénéré supérieur, Georges Aurispa, par haine de la femme dont l'amour même n'a pas suffi à lui donner le bonheur, se précipite dans un gouffre en entraînant son amante malgré elle. Cet Aurispa n'est pas facile à classer, à moins qu'on ne le mette parmi les fous à folie avortée.

Le style de *l'Intrus* est, sauf quelques préciosités orthographiques un véritable chef-d'œuvre de l'art littéraire italien. En outre, la dissection psychologique y est fine, subtile et souvent profondément vraie. En somme, malgré son dernier roman « Vierges aux rochers », - cet essai absurdement maladif - , M. d'Annunzio me semble comme psychologue, supérieur à M. Bourget, ne fût-ce que par la plus grande diversité de ses modèles.

Le commencement et la fin de *l'Intrus* sont du Dostoïewsky et du Tolstoï tout pur.

Voici comment s'ouvre le roman :

« Aller devant le juge et lui dire » : J'ai commis un crime. Cette créature ne serait pas morte si je ne l'avais pas tuée. C'est moi, Tullius Hermil, moi qui suis son assassin. J'ai prémédité cet assassinat dans ma maison. Je l'ai commis avec une parfaite lucidité de conscience, méthodiquement, en toute sécurité. Puis j'ai continué à vivre dans ma maison avec mon secret, durant une année entière, jusqu'à aujourd'hui. C'est aujourd'hui l'anniversaire. Je me livre entre vos mains. Écoutez-moi, jugez-moi.

« Puis-je aller devant le juge ? Puis-je lui parler ainsi ?

Je ne le puis ni ne le veux. La justice des hommes ne s'étend point à moi. Il n'y a pas sur terre de tribunal qui saurait me juger. »

(Il est, au contraire, bien simple de le juger : une canaille élégante, un criminel-né, un dégénéré prétentieux, un homme à interner dans un hospice de fous criminels).

« Et pourtant, j'ai besoin de m'accuser moi-même, de me confesser. J'ai besoin de révéler à quelqu'un mon secret.

« A qui [28] ? »

Et il écrit sa confession. La donnée est identique à celle de *Crime et Châtiment,* de Dostoïewsky, dont M. d'Annunzio n'atteint jamais l'incommensurable hauteur.

Une fois Tullius Hermil entend tousser le nouveau-né. Tout de suite, l'idée de le faire mourir de pneumonie, en l'exposant un moment au vent froid du soir se présente à son esprit. Et un soir, en effet, il ouvre la fenêtre pendant que la mère est assoupie dans le lit de la maternité et que la nourrice et les parents sont allés à la neuvaine de Noël :

« Je courus vers le berceau sur la pointe des pieds, je me penchai pour mieux voir. L'innocent dormait dans ses langes, serrant les pouces dans ses petits poings fermés. A travers le tissu des paupières, l'iris de ses yeux gris était visible pour moi. Mais je ne sentis s'élever du fond de mon être aucun élan aveugle de haine ni de colère. Mon aversion contre lui fut moins impétueuse que par le passé. *« Je n'éprouvai plus cette impulsion* que plus d'une fois j'avais senti courir jusqu'à l'extrémité de mes mains, prêtes à n'importe quelle violence criminelle. *J'obéis uniquement à l'impulsion d'une volonté froide et lucide...* J'eus une parfaite conscience de mes actes » (Ch. XLIV).

Forme sagace, civilisée, raffinée certes, d'infanticide, - exemple typique du crime que j'appellerais volontiers *intellectuel* pour le distinguer de la brutalité atavique, primitive, celle de la *Bête humaine* de M. Zola, ou, mieux encore, celle du paysan Nikita dans la *Puissance des ténèbres* de Tolstoï - de ce Nikita qui écrase sous une

---

[28]   *Traduction française de G.* Hérelle (Calmann Lévy).

planche le nouveau-né adultérin et l'enterre dans la cave même où il a commis le crime.

La fin de *l'Intrus* est aussi imitée de la *Puissance des ténèbres*. *Tullius* Hermil s'écrie, devant toute la maisonnée, accourue à la nouvelle de l'agonie subite de l'enfant :

« Savez-vous qui a tué ce pauvre petit être ? »

Cependant le Nikita de Tolstoï, homicide par occasion et alcoolique, fait une confession complète dans la dernière scène du puissant drame russe : Tullius Hermil, le criminel-né, demeure maître de lui-même. Emmené hors de la chambre par son frère, il s'adapte tout naturellement au fait accompli et froid, insensible, il assiste le lendemain aux funérailles. Il décrit minutieusement le crime de même que la cérémonie religieuse, pareil au criminel-né racontant à ses juges avec indifférence - on ne peut pas même dire avec cynisme - les moindres détails *du coup* demeurés comme photographiés dans son cerveau, mais n'y secouant pas une seule fibre de plus qu'un souvenir banal.

Enrico Ferri,
Les criminels dans l'art et la littérature (3ᵉ édition), 1908.

VIII.

L'art septentrional

- Les Revenants, par Ibsen. - Sonate à Kreutzer et Puissance des ténèbres, par Tolstoï. - La Maison des Morts et Crime et Châtiment, par Dostoïewsky.

Le théâtre et le roman, depuis une douzaine d'années subissent dans la vieille Europe méridionale l'attrait puissant de l'art septentrional, plus jeune que le nôtre.

Dans la représentation artistique du criminel un triumvirat d'admirables écrivains - Ibsen, Tolstoï et Dostoïewisky - atteint, dans les romans de Dostoïewsky surtout, à une grandeur véritablement dantesque ou shakespearienne.

C'est du Nord aujourd'hui que nous vient la lumière.

Cela est vrai dans l'art surtout. Et comme les manifestations artistiques précèdent toujours toute autre forme d'activité de la psychologie ethnique nous avons là une confirmation nouvelle de la

133

loi qui fait incessamment avancer la civilisation de l'Équateur vers le pôle, du Sud vers le Nord. Cette loi est démontrée à l'évidence par l'histoire, dans les grandes lignes des civilisations de race, tout comme dans les vicissitudes particulières des peuples, malgré des exceptions de détail, inévitables dans la grande complexité de l'ensemble.

Les civilisations les plus anciennes se sont formées près de l'Équateur et se sont déplacées à mesure dans la direction du Nord : du Pérou au Mexique et à l'Amérique septentrionale, - de la Chaldée à l'Égypte, de l'Assyrie à la Perse, en passant par la Grèce, l'Italie, Constantinople et l'Espagne pour aboutir en dernier lieu aux pays de l'Europe septentrionale. Et parmi les trois grandes races européennes, le plus puissant élan à la civilisation actuelle est donné par la race allemande et anglo-saxonne ; les races latines représentent une civilisation en décadence ; la race slave, le germe d'une civilisation future.

La cause fondamentale de cette loi de déplacement de la civilisation consiste, je crois, dans l'influence du climat et du sol sur l'énergie humaine. L'économie de chaque peuple est constamment soumise à cette double influence qui détermine, par conséquent, toutes les manifestations de la vie collective morale, juridique et politique.

Une trop haute température ou une trop grande élévation au-dessus du sol énervent et anémient l'organisme humain. Aussi, par parenthèse, est-ce un rêve désastreux que celui de coloniser l'Érythrée. Comme si la civilisation pouvait retourner du Nord vers le Sud ! On oublie que dans la partie basse de notre colonie, la grande chaleur, et sur le plateau, la grande élévation et le peu de pression atmosphérique, joints à la rareté de l'oxygène, enlèvent aux blancs, et surtout aux Latins, affaiblis déjà par deux ou trois milliers d'années de civilisation, toute énergie productrice et même toute vitalité procréatrice, au cours de quelques générations.

L'esprit et le corps humains sont plus vigoureux à mesure que l'on remonte de l'Équateur vers le Nord. Ils sont aussi, dans les climats rigides, mieux trempés par une gymnastique obstinée, une lutte journalière contre l'âpreté des milieux.

La gloire récente de l'art septentrional est un épisode de la marche séculaire de la civilisation. Comme le Juif errant, elle ne s'arrête jamais. Et elle ne resplendit pas deux fois au même endroit avec une intensité pareille, mais chacune de ses étapes est marquée par l'aube, l'éclat et le crépuscule d'une phase sociale et sa lumière se renouvelle pour briller, de plus en plus près du Nord, sur les splendides manifestations du travail et du génie.

Parmi les nombreux drames d'Ibsen, *Les Revenants* est celui où se dessinent le mieux les données de la pathologie telles qu'elles ont été révélées par la science moderne. Toutefois, là aussi, le crime présente des contours estompés et la catastrophe ne précise pas l'opinion de l'auteur sur ce droit de mourir et de se faire tuer, dont je parlais tantôt à propos du *Bon crime*. Et nous ne savons pas si la mère donnera le poison libérateur à son fils, que l'hérédité paternelle condamne inexorablement à la paralysie progressive.

Ibsen a vraiment du génie et M. Max Nordau a complètement tort de le considérer « non pas comme un véritable fou, mais tout au moins comme un mathoïde ». Ibsen est un homme génial auquel les extravagances folles et dégénérescentes ne sont pas inconnues. Il a porté sur la scène un élément de vie nouvelle : c'est un révolté conscient et puissant contre tout ce qui est *mensonge conventionnel,* dans la famille, la société, la religion et la politique actuelles. N'est-il pas étrange que le peintre original des mensonges conventionnels de notre civilisation prenne pour des symptômes de demi-folie des allusions rapides aux diverses théories sociales et familiales, indiquant au contraire une révolte toute moderne contre le formalisme du vieux monde moral ? Évidemment M. Nordau a fait là une application exagérée du critère psycho-pathologique, si efficace pourtant, entre ses mains, dans la critique d'art.

Et d'ailleurs, puisqu'il reconnaît que dans la représentation des personnages secondaires et dans beaucoup de scènes, Ibsen est vraiment un dramaturge sublime, cela suffit pour exclure sa demi-folie, au sens précis du mot.

Le mathoïde, en effet, peut montrer du talent dans certaines manifestations de son faible esprit avorté et borné, mais il n'a jamais les envolées du génie, car ce n'est pas un véritable aliéné. La *folie délirante* peut donner lieu à des manifestations géniales, il y a des fous géniaux ; l'homme de génie peut avoir des manifestations délirantes, il y a des génies aliénés ; mais les extravagances intellectuelles du mathoïde n'atteignent jamais les hauteurs de l'inspiration féconde et durable. Aussi le mathoïde ne devient-il presque jamais un véritable aliéné : il s'arrête à un point intermédiaire, que l'on appelle justement la folie avortée.

Ce que M. Nordau a raison de noter chez Ibsen c'est son *égotisme,* c'est-à-dire le sentiment exagéré, l'hypertrophie du moi, et les préjugés qui se rattachent à cette anomalie -prétention à une aristocratie intellectuelle, mépris de la foule individualisme anarchique, - etc. Mais si tout cela constitue une preuve de dégénérescence chez beaucoup d'égotistes de moindre valeur : symbolistes, décadents, satanistes, etc., c'est pourtant un trait spécifique du tempérament artiste et nous le retrouvons chez tous, depuis Horace qui hait le profane vulgaire jusqu'au « misovulgo » Vittorio Alfieri.

C'est que la fantaisie de l'artiste peut s'exercer même dans l'isolement. Il peut être seul pour chanter, pour peindre la mer, le ciel, le désert. Dès lors, il est aisément porté à s'exagérer sa valeur, à mépriser la foule dont la sensibilité moyenne ne peut avoir la délicatesse de sa fibre, s'il est génial, ou dont le bon sens repousse ses extravagances, s'il est un déséquilibré prétentieux et impuissant, si, pour faire accepter pour de l'or en barres l'alliage inférieur de ses sottises décadentes ou symbolistes il n'a pas seulement le charme de l'homme expansif et mégalomane.

Seuls, les tempéraments polyédriques des grands artistes peuvent sentir l'indestructible lien qui rattache leur génie à la collectivité humaine d'où sortent, véritable océan de la vie, toutes les formes, tous les types, toutes les émotions que l'art éternise. Mais, même chez ceux-là, la pensée est pétrie d'orgueil, de vanité, d'égotisme. Cela tient à la trempe de leur génie, à leur faculté d'épancher leur fantaisie, même dans l'isolement.

Par contre, le savant qui a abandonné les songes subjectifs de la métaphysique, pour lutter infatigablement contre l'inconnu -*provando, riprovando, - pressent* à chaque nouvelle conquête de l'esprit humain sur les secrets de la nature et de la vie un océan infini de secrets à découvrir et de ténèbres à dissiper. Il sait que, si son oeuvre individuelle est possible, c'est grâce au travail accumulé de générations infinies, et quand même il vole bien haut, quand il s'appelle Galilée, Newton, Darwin, Marx, Pasteur, Virchow, Volta ou Lombroso - il n'est encore qu'un anneau de la grande chaîne ininterrompue des lutteurs contre l'inconnu.

Il s'ensuit de là que le mobile mental et moral de l'artiste est son individualisme - un égotisme plus ou moins proche des formes pathologiques de la dégénérescence - tandis que celui du savant est un sentiment de sa solidarité avec le monde extérieur physique et social. Seulement, l'homme de science n'a pas toujours le courage intellectuel de reconnaître les dernières conséquences logiques de ce sentiment de solidarité cosmique et humaine. Il devrait voir clairement que l'individu n'est rien par lui-même ; il n'est qu'une fraction d'une collectivité de vivants dont la constitution héréditaire, organique et psychique, ressuscite les ancêtres.

Voilà pourquoi, même en dehors des poses de certains déséquilibrés, l'individualisme qui prétend se détacher de la collectivité est un sentiment absurde.

Les rêves d'aristocratie intellectuelle, le mépris de la médiocrité et du *profanum vulgus* proviennent d'une profonde ignorance de la nature des individus. La collectivité est l'éternel réservoir de la vie saine et féconde, d'où s'élève de temps en temps un être exceptionnel. Mais tout y retourne : le monopole individuel ou familial du pouvoir, de la richesse, du génie, porte en soi une autonégation progressive. Dante disait déjà de la noblesse morale : qu'elle passe rarement du tronc aux rameaux. Quand elle y passe, pendant quelques générations, elle aboutit à la dégénérescence, à la faiblesse, à l'idiotie, à la stérilité, au suicide. L'espèce, la collectivité : voilà la grande, l'éternelle réalité de la vie. L'individu (qui, d'ailleurs, est lui-même une collectivité, l'atome seul, l'atome sans vie et sans pensée étant un individu au sens

137

absolu du mot) a, certes, une existence propre, personnelle dans la collectivité, mais il n'en est pas séparable.

L'individu et l'espèce : l'humanité vivante se compose de ces deux termes inséparables. Et, si la collectivité est inerte quand manquent les individus qui résument et expriment la conscience des besoins communs et des aspirations sociales vers une vie plus haute ; l'individu le mieux doué, l'artiste même le plus original ne peut se passer de la foule. Il doit à la collectivité les forces qui le dirigent, ses inspirations, son désir de gloire.

Voilà en quoi l'individualisme d'Ibsen est erroné et pourquoi il a tort de faire dire au docteur Stockmann dans *L'ennemi du peuple :* « L'homme le plus fort du monde est celui qui vit seul ».

Malheur au solitaire ; disait au contraire, et fort justement, le génie antique. Le solitaire est toujours un égoïste, un impuissant ou un dégénéré par anthropophobie.

Il est même heureux que les idées nouvelles, dans la science et dans l'art, fassent d'abord le vide autour d'elles, grâce au misonéisme du milieu. C'est là une loi providentielle, un moyen de s'assurer de leur valeur.

L'idée ou la forme nouvelles restent définitivement *seules* quand elles sont erronées et non viables. Quand elles sont vraies, quand elle peuvent vivre, elles finissent par triompher. Le véritable génie ne demeure pas incompris. Il peut l'être pendant un laps de temps plus ou moins long, mais la collectivité médiocre, le « profane vulgaire » lui rendent justice tôt ou tard. Et ces jugements définitifs sont d'autant plus sensés et plus durables qu'ils sont moins rapides et moins faciles à obtenir. Dans la vie, tout comme dans l'art et dans la science, le temps ne respecte pas ce qui a été fait sans lui.

En dehors de cet individualisme unilatéral l'œuvre artistique d'Ibsen est vraiment féconde et dénote une connaissance assez exacte des données scientifiques.

Hedda Gabler contient un admirable portrait de névrosée hystérique et criminelle. Quoique mariée, Hedda veut se venger du premier amant qui l'a abandonnée : elle le rejette dans le vice, elle détruit un de ses manuscrits, un chef-d'œuvre. *Le Canard sauvage* nous montre un criminel frauduleux, un de ces microbes de la haute Banque si extraordinairement virulents pendant le panamisme de notre fin de siècle. *Les piliers de la société* sont une représentation géniale des soi-disants grands hommes politiques. Ibsen nous les montre, névrosés et criminels à la fois, exerçant dans le milieu parlementaire les tendances que les primitifs suivaient au fond des forêts, parmi leurs compagnons de brigandage : seulement, l'esprit aiguisé des politiciens, insoumis au frein des scrupules et du sentiment social a converti l'antique criminalité brutale et musculaire en une criminalité intellectuelle.

Les Revenants nous offrent une démonstration de la base organique du crime et de la folie. Sans doute, au point de vue de la nosologie, le diagnostic de la maladie d'Oswald n'est pas parfaitement exact : mais l'art n'a pas la même fonction que la science. S'il puise dans les théories savantes des données fondamentales et caractéristiques sur la réalité, il lui est permis, pour imposer ces données à la conscience collective, de charger les teintes du vrai.

Or, le drame d'Ibsen impose des vérités scientifiques : il cause aussi d'inoubliables émotions, surtout quand il est interprété par un Ermete Zaccone, le savant artiste italien qui fait une merveilleuse création du personnage d'Oswald.

De même que *L'Assommoir* de M. Zola a popularisé la notion des ravages causés par l'alcoolisme, *Les Revenants* ont répandu l'idée de la transmission héréditaire de la dégénérescence, en exagérant même l'uniformité de cette loi, moins fatalement inexorable dans la réalité. Car, comme disait Galton, un être humain n'est pas seulement la résultante biologique de deux individus connus ; il y a aussi dans son organisme un X inconnu, puisqu'il est le dernier terme d'une série infinie d'ascendants. Aussi la transmission de père en fils n'est-elle pas mathématiquement régulière. Elle procède par bonds et, grâce à l'influence de l'atavisme, elle est soumise à des modifications dans les deux sens, de l'amélioration ou de la dégénérescence.

Par exception, un père crapuleux, vicieux, dégénéré peut avoir un fils sain et génial, si ce fils ressemble davantage à sa mère ou à un ascendant, sains et robustes. D'habitude l'hérédité se transmet alternativement d'un sexe à l'autre. Sans doute, les enfants sont comme la fusion des caractères de leurs parents : mais les filles ressemblent davantage au père, ou à la mère du père, et les garçons, le plus souvent, ressemblent à leur mère et au grand-père maternel. Et par exception aussi, une personne saine peut avoir un enfant dégénéré, un rejeton qui ressemble davantage à son autre parent ou à un ascendant, dégénérés et malades.

La représentation dramatique de la paralysie progressive d'Oswald, qui ignore le secret de sa naissance incestueuse, atteint chez Ibsen une véritable grandeur. C'est un hommage rendu par l'art aux vérités douloureuses et pourtant humaines récemment acquises à la science.

On a tant écrit sur Tolstoï et porté sur lui des jugements si divers - depuis les éloges les plus hyperboliques jusqu'à la critique psycho-pathologique un peu forcée de M. Max Nordau - que nous pouvons sans plus, parmi ses créations, choisir deux personnifications de meurtriers pour les comparer aux données et aux inductions de la criminologie.

Le héros de la *Sonate à Kreutzer,* Posdnicheff, est un de ces éternels maris jaloux qui vengent par l'uxoricide l'atteinte portée à leur propriété individuelle d'époux et continuent la morale des tribus sauvages où l'adultère est puni de mort, tout comme le vol. La thèse du livre, cette condamnation de l'amour sexuel, même dans le mariage, rappelle un peu trop la secte des *Skopetzis* et M. Max Nordau n'a pas tort de la qualifier de folle *(Dégénérescence, vol. I)* [29].

---

[29]   Paris, Félix Alcan, éditeur.

Posdnicheff, que la jalousie pousse au meurtre devrait être un criminel par passion, mais ce personnage n'a aucune consistance anthropologique.

. Les circonstances du crime semblent indiquer qu'il s'agit réellement d'un meurtre passionnel : mais Posdnicheff raconte la façon dont il a poignardé sa femme - après l'avoir surprise en train de souper avec un violoniste, son professeur ou son accompagnateur - aussi froidement, aussi soigneusement que le ferait un criminel-né.

« Je ressens toute la scène : la résistance du corset, d'un autre objet encore, puis le poignard s'enfonçant dans la chair molle » (Ch. XXVII). C'est ainsi que Cellier, homicide-né dont j'ai rap-porté ailleurs la déclaration au juge disait : « qu'il avait agi de sang-froid et qu'il était sûr d'avoir blessé mortellement parce qu'il avait senti le couteau pénétrer en profondeur [30] ». Indice certain de l'insensibilité physique et morale aux souffrances d'autrui qui forme le caractère fondamental du criminel-né, mais qui n'existe pas chez le criminel par passion.

Autre erreur grave : Posdnicheff raconte que, les domestiques étant accourus, il s'est retiré dans sa chambre :

« Je me levai, je fermai la porte, je pris les allumettes et les ciga-rettes et je me mis à fumer. Je n'avais pas fini la première ciga-rette que le sommeil me terrassa. »

Et quand on frappe à sa porte, il se demande comme dans un rêve : « Est~ce arrivé, oui ou non ? » - Et ajoute-t-il : « je me souviens de la résistance du corset et me répondis : « Oui, c'est arrivé. Il faut que je me tue ».

« Je le disais, mais je savais bien que je ne le ferais pas. Et cependant, j'allai prendre mon révolver. »

---

[30] *L'omicidio nel l'antropologia crimanale*, Turin, 1895, pp. 336-337.

Mais il ne se suicide pas, tandis qu'un criminel par passion se serait suicidé, et il n'aurait pas, d'ailleurs, apathiquement fumé une cigarette tout de suite après le crime.

Le sommeil comateux suivant immédiatement l'accès criminel ferait plutôt penser à un homicide épileptique ou épileptoïde : mais il est sans doute plus rationnel de conclure de tout cela que cet uxoricide est peint *de chic* et non d'après nature. Ce n'est qu'un mannequin dont l'auteur s'est servi pour donner un attrait dramatique à une thèse digne d'Origène.

Les criminels de la *Puissance des ténèbres* sont plus puissamment tracés et plus réels. Ce drame est une description vivante et vraie de l'existence des paysans russes et non seulement de leurs occupations et préoccupations économiques, et sexuelles - le pain et l'amour étant les deux pôles principaux de la vie primitive - mais de toute leur psychologie. Par une profonde intuition de la vérité, Tolstoï nous montre le sentiment religieux coexistant, chez une vieille paysanne conseillère d'empoisonnement et d'infanticide, à côté des tendances criminelles les plus perverses. Un préjugé commun, mais très absurde et très habilement exploité d'ailleurs par les néo-catholiques de notre fin de siècle, voit dans la religion un obstacle à la mauvaise vie. Comme s'il n'y avait pas des honnêtes gens et des chenapans en aussi grand nombre parmi les dévots que parmi les athées [31] !

Les femmes de la *Puissance des ténèbres* sont, comme les criminelles de Shakespeare, plus perversement et plus froidement *cruelles* que l'homme, le protagoniste Nikita. Celui-ci tue pourtant, d'une façon bien féroce le fils adultérin qu'il a eu de sa filleule. Il l'écrase sous une planche, le matin même de sa naissance : depuis il croit toujours entendre le bris des os, craquant sous le poids de sa personne.

Annissia, la jeune fermière, seconde femme du riche agriculteur Peters, se laisse courtiser par Nikita, son garçon de ferme, et, sur le conseil de la mère de son amant, elle donne un poison lent à son mari.

---

[31]   V. Ferri, Religion et criminalité, dans la Revue des Revues du 15 oct. 1895.

Demeurée veuve, elle épouse Nikita, véritable don Juan de village, qui a lâchement abandonné l'orpheline Marinka après l'avoir rendue mère. Après son mariage, il se donne à l'alcoolisme, courtise, sous le toit conjugal, sa propre filleule Akaline et, endoctriné par sa mère et par sa femme, désireuses d'étouffer un scandale et de faire épouser Akaline par un paysan de bonne volonté, à l'affût d'une belle dot, il consent à tuer l'enfant qu'il a eu de sa maîtresse.

Nikita est incomplètement anormal ; il est un criminaloïde de même que le mathoïde est incomplètement fou. Et il est si vrai, il correspond si parfaitement aux données de la science qu'il doit avoir été pris sur le vif.

Il n'est pas énergiquement et activement pervers, mais le sens moral est atrophié chez lui, surtout en ce qui concerne les rapports sexuels. C'est *un être sans cœur,* selon le mot d'Akaline quand elle voit la froideur avec laquelle il abandonne et répudie la pauvre et bonne Marinka, après l'avoir séduite (Acte 1, scène XVI). L'idée de l'empoisonnement de Peters par l'adultère Annissia (Acte II, scène XIV) le remplit de dégoût et il est d'ailleurs si borné que sa mère arrive à peine à lui faire comprendre qu'il pourra épouser Annissia quand elle sera veuve (Acte II, scène XVII).

Bref, c'est un être sans volonté et sans caractère : abêti par l'alcoolisme et, depuis son riche mariage, par la débauche, il se laisse endoctriner, entraîner par sa femme et sa mère à un horrible infanticide.

Mais, meurtrier par occasion, il sent l'horreur de son acte atroce ; il est poursuivi par le souvenir du craquement des os de sa victime et le remords le pousse enfin, dans la dernière scène qui est grandiose, pendant qu'on fête le mariage d'Akaline, à faire, malgré les deux femmes, l'aveu le plus complet de son crime et de l'empoisonnement de Peters, dont il s'accuse pour sauver sa femme. Ce dernier trait est exact et parfaitement observé, parce que Nikita est un criminel par occasion ; les criminels-nés, au contraire, ne manquent pas de dénoncer leurs complices, aussitôt qu'ils sont découverts.

Tolstoï a donné à son drame puissant un titre significatif. D'accord avec la science, il a voulu montrer que c'est du règne obscur de l'inconscient et de la ténébreuse atmosphère où grouillent tant de créatures, que germe le poison des pensées, des sentiments et des actes criminels. Ces pensées, ces sentiments et ces actes ont malheureusement un grand rôle dans la vie, surtout parmi les voués à une existence inhumaine de misère physique et morale.

Nous terminerons cette revue psychologique des criminels dans l'art par une critique des sublimes créations artistiques de Dostoïewsky.

Dostoïewsky a joint une génialité sévère et profonde d'artiste aux sentiments de l'homme doux, maladif, épris d'idéal. Condamné à mort pour ses opinions politiques, en 1849, sa peine fut commuée en quatre années d'exil parmi les forçats sibériens. Ses souffrances servirent à tremper, à affiner son merveilleux talent, firent de lui un analyste profond du cœur humain et surtout des aberrations psycho-pathologiques du crime et de la folie. Tourmenté par l'épilepsie, il mourut le 12 février 1881, à soixante-dix ans, après avoir doté la littérature de son pays et celle de tout le monde civilisé de chefs-d'œuvre qui, obéissant à la mission vraie et humaine de l'art, n'ont pas uniquement été des modèles d'une esthétique inféconde, mais ont aussi renouvelé la conscience morale des jeunes générations assoiffées d'idéal. Aussi Dostoïewsky est-il, dans le roman psychologique, ce qu'est Dante dans la poésie et Shakespeare dans le drame humain.

Beaucoup de personnes instruites, emprisonnées pour délits politiques nous ont transmis leurs impressions de la vie du cachot. Silvio Pellico a écrit *Mes Prisons*, *Dos*toïewsky ses *Souvenirs de la Maison des Morts* et un contemporain, le prince Kropotkine son *Mémorial des prisons russes et françaises* (Londres, 1889). Ces livres divers ne sont pas des comptes-rendus simples et dépourvus de beautés artistiques, tels qu'en écrivent souvent des prisonniers ordinaires et sans instruction.

Le livre de Silvio Pellico - aussi célèbre que les révélations récentes de Kennan sur la Sibérie - est une autobiographie objectivement sereine dans le récit des épisodes et subjectivement sincère dans l'aveu des sentiments éprouvés : mais il est d'une simplicité photographique, il émeut sans recourir à cette anatomie morale de soi-même, des hommes vus et du milieu social, qui prédomine dans d'autres mémoires du même genre et de plus fraîche date.

Le prince Kropotkine néglige les observations psycho-anthropologiques pour concentrer toute son attention sur le milieu, ou étroitement cellulaire, ou amplement social. Il en examine les conditions plus ou moins anormales et les influences plus ou moins déterminantes.

Dostoïewsky, au contraire, concentre tout l'effort de son regard intellectuel sur les conditions physio-psychologiques des hommes qui se meuvent et luttent, dans l'atmosphère des prisons. Il n'oublie pas le milieu, mais il n'en fait pas l'objet principal de son étude.

Aussi Mes Prisons de Silvio Pellico et *La Sibérie* de Kennan relèvent presque exclusivement de la psychologie commune et de l'histoire politique ; *Les Mémoires* de Kropotkine offrent d'intéressantes données au point de vue de la sociologie et de la criminologie, tandis que les Sou*venirs de la Maison des Morts* de Dostoïewsky sont un véritable traité de psychologie criminelle.

Le livre de Dostoïewsky, quoiqu'excellent au point de vue de l'art, laisse trop peu de jeu à la fantaisie de l'auteur, ce qui lui donne un caractère intermédiaire entre le roman et l'œuvre scientifique.

C'est, en somme, une série d'observations psychologiques, artistement plutôt que scientifiquement exposées. Ce livre a l'attrait délicat et profond d'un roman psychologique et en outre, et mieux encore que *Crime et Châtiment* c'est, pour l'anthropologue criminaliste un précieux et limpide recueil de documents humains sur les types criminels.

145

La forme même de l'ouvrage, son style, la progression lente de la narration, les retours, les digressions fréquentes, attestent la sincérité absolue et l'exactitude du conteur. Enfermé parmi les forçats condamnés pour délits de droit commun, le grand artiste a peu à peu surmonté ses dégoûts d'homme raffiné, d'idéaliste ; il a vaincu la méfiance de ses camarades et pu décrire son étrange entourage avec une fidélité et une précision de lignes inouïes. Quiconque a étudié des criminels au cachot, après s'être pourvu de notions suffisantes de psychologie et de psycho-pathologie, a pu retrouver dans le livre de Dostoïewsky des personnages déjà vus.

Pour moi, qui ai étudié, entre autres, les galériens des bagnes de Pesaro et Castelfranco aux mois d'août et d'octobre 1881, et qui ai passé plus d'un mois parmi eux les interrogeant ou les observant à leur insu, pour obtenir des données exactes sur l'homicide, je n'ai eu qu'à changer les noms des prisonniers décrits par le déporté russe pour revoir, vivants dans ma mémoire, les plus étranges ou les plus terribles habitants des prisons et des galères italiennes.

Dostoïewsky fait de très rares allusions aux caractères physiologiques et physionomiques des forçats sibériens : toutefois, il rappelle leurs figures horribles, répugnantes, leurs têtes énormes et difformes. Et, d'autre part, il a mis dans son récit une richesse et une variété telles de données psychologiques, qu'il faut le considérer comme un nouvel exemple de ces divinations de l'art, si souvent conformes - nous l'avons constaté plusieurs fois déjà dans cette rapide revue - aux constatations scientifiques.

Donna Concecion Arenal, la bienfaisante directrice des pénitenciers d'Espagne, morte il y a quelques mois, a confirmé quelques-unes de mes opinions sur le remords, ce sentiment presque inconnu des criminels. Mais elle a ajouté que mes conclusions n'étaient pas toujours applicables aux criminels espagnols, et qu'il faudrait faire des relevés psychologiques spéciaux pour chaque pays [32].

---

[32]   Mad. Arenal, *Psychologie comparée du criminel,* dans le *Bulletin de la société des* prisons (Paris, 1886, p. 647)

Les observations de Dostoïewsky réfutent cette opinion et donnent raison aux anthropologues criminalistes, qui ont observé une grande uniformité dans les lignes principales de la psychologie et de la physionomie des criminels de tous les pays et appartenant aux races et aux milieux les plus divers.

Même, la raison de ce phénomène est facile à trouver. Les hommes normaux s'adaptent à leur milieu, physiquement et moralement : John Bull devient un Yankee, en passant de l'Angleterre à l'Amérique du Nord et se transforme en une nouvelle sous-variété anthropologique en passant de l'Amérique à l'Australie.

La légion douloureuse des dégénérés criminels, fous ou idiots, reçoit de sa dégénérescence même un sceau commun qui constitue une rétrogradation vers l'humanité primitive ; et moins variée, moins obéissante aux influences diverses du milieu, cette légion reproduit un ancien prototype indo-européen. Ainsi dans les photographies galtoniennes la pose excessivement rapide des divers membres d'une famille donne un portrait où les traits individuels se perdent et se confondent en un type commun au groupe entier.

Dès le premier chapitre de la *Maison des Morts,* Dostoïewsky nous fait noter l'absence de remords chez les criminels. « Ils sont gais et indifférents », dit-il, « je n'ai presque jamais aperçu en eux le moindre signe de confusion ou de repentir ».

« Sans doute la vanité, les mauvais exemples, la fanfaronnade ou une fausse pudeur étaient pour beaucoup dans cette affectation d'indifférence : mais en tant d'années j'aurais pu surprendre au moins des symptômes fugaces d'un regret quelconque, d'une douleur morale. Je n'ai absolument rien entrevu de tout cela. »

Dostoïewsky a noté aussi cette vanité, cette susceptibilité, exagérées, causes si fréquentes de vengeances féroces et longuement méditées, comme aussi l'insensibilité morale et physique des criminels.

« Ils se volaient l'un l'autre, se frappaient sans pudeur « et ne criaient presque jamais sous le fouet » (Ch. 1, 2e partie).

Dans le deuxième chapitre, il remarque leur répugnance organique au travail continu et efficace. Cette répugnance est réelle. C'est peut-être un retour, par atavisme, à l'organisation psychique du sauvage ou peut-être un effet de neurasthénie dégénérative. Dans le troisième chapitre, un criminel par passion nous présente des symptômes psychologiques différents. C'est qu'en effet ce criminel est moins éloigné du type normal.

Et il y a tout le long du livre une foule de traits admirablement saisis. Dostoïewsky remarque le goût puéril et primitif des criminels pour les vêtements voyants. Il répète à plusieurs reprises que ce sont de grands enfants. (Et, en effet, l'anthropologie criminelle a noté leur infantilisme prolongé). Il observe leur religiosité fréquente et profonde, quoi qu'on en pense communément. Car, dit Kennan, et la *Puissance des ténèbres* vient à l'appui de son assertion : Qu'un paysan russe soit assassin ou voleur, il n'oublie pas pour cela de faire le signe de la croix et de réciter ses prières *(Sibérie, I)*. Les brigands italiens ont aussi des amulettes, et si leurs convictions religieuses ne sont pas aussi idéalisées que celles des gens instruits, elles n'en sont pas moins sincères, inébranlables. Et ça ne les empêche pas de devenir criminels par suite de cette dynamique morale dont j'ai ailleurs établi les lois.

Dans *Crime et Châtiment* Raskolnikoff, exilé en Sibérie, a l'air indifférent d'un athée pendant la messe. Son attitude scandalise les autres forçats et on le maltraite parce *qu'il est hérétique.*

Dostoïewsky a encore observé chez les cirrninels-nés leurs délations des complices, leur érotisme brutal, leur passion pour l'alcool et même ce « sommeil du juste » dont Thompson, médecin des prisons anglaises disait, contrairement à l'opinion de ceux qui croient aux remords chez les délinquants :

« J'ai vu ces assassins dormir aussi profondément et   aussi tranquillement que des paysans honnêtes, que le plus innocent des êtres dans la paix de son home » (Ps*ychology of criminals, 1871, p. 26).*

Grâce à son absence complète de personnalité le criminel est toujours dominé par les circonstances ou par une volonté forte. Ce caractère fondamental de sa nature est la base physiologique de l'empire incontesté que les chefs de brigands et les chefs camorristes exercent sur leurs acolytes.

« Ces gens naissent avec une idée qui toute leur vie les pousse, inconscients, tantôt d'un côté, tantôt d'un autre. Quand ils ont rencontré par hasard un objet qui éveille puissamment leur convoitise ils ne ménagent plus rien pour l'obtenir, pas même leur vie. Je fus plus d'une fois étonné de voir que Pétrof me volait même quand il ne pouvait retirer aucun profit de son vol - comme par exemple quand il prit ma Bible - et malgré son amitié pour moi. Cela lui arrivait de temps à autre : quand il désirait une chose, il *fallait* que cette chose fût à lui. Un individu comme lui est capable d'assassiner un homme pour se payer un demi-litre à 25 kopecs, et en toute autre occasion il dédaignerait des centaines de milliers de roubles. Le soir même du jour où il m'avait volé ma Bible il m'avoua son délit sans en montrer le moindre repentir, d'un ton indifférent, comme s'il s'était agi d'un incident ordinaire. Vivement contrarié de ma perte, j'essayai de le piquer au vif par des reproches mérités.

« Il m'écouta sans se fâcher, d'un air assez tranquille. Il convint que la Bible est un livre très utile et *regretta sincèrement que je n'eusse plus la mienne.* Mais il ne se repentit pas le moins du monde de me l'avoir enlevée pour la vendre. »

Nous autres psychologues-criminalistes savons que cette condition caractéristique du criminel-né, violent ou frauduleux, provient d'une absence héréditaire des centres d'inhibition cérébrale, d'une *anesthésie psychique et* phy*sique* produisant *l'an-émotivité.* Mais la plume de Dostoïewsky a, en quelques lignes, inimitablement sculpté la statue de l'homme criminel, si différent de ce qu'imaginent l'automorphisme des hommes normaux ou la fantaisie des artistes qui n'étudient pas d'après nature.

Voyez, par exemple, le portrait du lieutenant geôlier Smekaloff (2e partie, ch. 2). Il est populaire parmi les forçats - cet homme qui n'a violé aucun article du Code pénal, mais possède tous les caractères anthropologiques du criminel - parce que pour un rien, par pure insensibilité morale, il fait administrer des centaines de coups de fouet et durant le supplice féroce (ce supplice a été « légalement » aboli depuis les descriptions dantesques du livre de Dostoïewsky), il amuse ses victimes de ses plaisanteries et de ses calembours !

Dostoïewsky confirme même (2e partie, ch. 5), les belles observations de M. Marro à propos de l'influence des saisons sur les habitants des prisons. Les actes d'indiscipline, les crimes entre détenus ou contre les gardiens sont plus fréquents dans les mois les plus chauds, ce qui prouve que la genèse de la criminalité n'est pas tout entière dans les conditions du milieu social, mais aussi - comme je l'ai toujours dit, depuis 1880 - dans les conditions du milieu physique et de l'organisme physio-psychique du criminel.

Nous retrouvons aussi dans la Maison des Morts l'attachement des criminels pour les animaux. Par des raisons contraires, mais corrélatives, ce sentiment, dû à l'atavisme, explique les tortures que les adultes dégénérés font subir aux bêtes, à l'instar des enfants chez qui cette férocité est normale, mais passagère. Car toute la vie psychique de l'enfant reflète les caractères de l'humanité primitive. Dostoïewsky a consacré un chapitre spécial (VIe de la 2e partie) à ce trait des mœurs criminelles.

Il ne se borne pas d'ailleurs à noter avec une rare pénétration les symptômes de la psychologie criminelle. Il sait scruter tous les replis du cœur humain et comme (j'ai déjà démontré cette vérité) beaucoup de traits et de sentiments normaux survivent chez le criminel au naufrage ou à l'atrophie congénitale du sens social, Dostoïewsky sait définir ces traits et les mettre en lumière.

Ainsi il voit dans l'enthousiasme des forçats pour la Noël l'idée qu'en célébrant cette fête avec le monde entier ils communient moralement avec le reste des hommes, dont ils sont séparés pour toujours.

Et il décrit avec une simplicité touchante l'épisode de l'aigle tombé au pouvoir des galériens mais libéré par eux, parce qu'il s'est montré rebelle à leurs caresses, indomptable. Le superbe animal, d'abord incertain, s'éloigne un peu sur le pré aux hautes herbes ; puis redevenu maître de lui, il prend son essor, s'élève et disparaît enfin aux yeux obstinément fixés sur son vol jusqu'au moment où la voix des garde-chiourmes rappelle les forçats au cachot. Les malheureux rentrent lentement : grâce à eux, l'aigle a « senti la liberté »...

Puis des observations profondes sur les effets démoralisateurs du pouvoir absolu sur les instincts de bourreau assoupis, mais présents chez ceux mêmes qui savent passer à côté du Code pénal sans le choquer : et une description merveilleuse, en quelques traits, du type psychologique de l'agitateur populaire, partout pareil « dans les prisons comme dans la vie libre, ».

Et, en outre, Dostoïewsky fait d'importantes considérations sur l'absurdité des régimes des prisons : il en fait ressortir les inconvénients au point de vue des inculpés, non condamnés encore et qui peuvent être innocents ; il démontre la nécessité de classer les criminels et les détenus. Cette vérité est une des bases fondamentales de la criminologie positive. Mais aujourd'hui les lois et les règlements pénitentiaires fondent et confondent tout le monde bariolé des criminels en un type unique et moyen. On songe à l'article de la loi violé par le crime, au lieu de penser à adapter le jugement et la condamnation à la personne physique et morale du criminel.

Parmi tous ces douloureux épisodes *Les Souvenirs de la Maison des Morts* nous offrent des personnages sympathiques, des actes beaux et humains. Les uns et les autres sont rares, parmi les condamnés, et même parmi les condamnés politiques - comme ils le sont, d'ailleurs, dans la vie sociale.

Ainsi le jeune Aléï coupable seulement d'avoir aidé son frère aîné dans l'accomplissement d'une vengeance sanguinaire, est une figure suave de pseudo-criminel. Ainsi, des galériens malades à l'hôpital font preuve d'une grande délicatesse de sentiments ; d'autres encore montrent parfois un véritable amour de la justice. Nous avons constaté ce paradoxe psychologique, provenant de ce que j'appelle le *daltonisme moral* des criminels.

Bref, Dostoïewsky a saisi les traits principaux de la psychologie criminelle avant les hommes de science qui les étudient aujourd'hui à grand'peine pour nous préserver plus efficacement et plus humainement du crime, cette maladie individuelle et sociale. Sous sa livrée de forçat, au cliquetis cadencé des chaînes rivées aux pieds, il a vu ces vérités douloureuses, il y a cinquante ans, dans les corridors où résonnaient des rires canailles où circulaient des histoires cyniques et parmi les souffrances épileptiques qui le tourmentaient, lui, le grand penseur et le grand artiste.

Mais de tous les ouvrages où Dostoïewsky a décrit les trois formes de la maladie morale - la folie, naufrage de l'intelligence, le suicide, naufrage de la volonté, le crime, naufrage du sens social - de tous les joyaux de cette couronne artistique où brillent : Les *pauvres gens, Humiliés et Offensés, les Possédés* (criminels politiques), *l'Idiot*, le chef-d'œuvre qui lui valut la grande popularité, c'est *Crime et Châtiment (1855)*. Ce roman psychologique, dont la beauté n'a pas été dépassée, est la manifestation la plus haute de son génie.

Roman terrible et poignant. De l'anatomie de la gangrène morale en Raskolnikoff - type de criminel-fou, par obsession homicide - en Sonia, la douce jeune fille que la faim pousse à la prostitution, l'écrivain arrive, sans artifice visible, par une pente toute naturelle, à une critique sociale d'autant plus hardie, d'autant plus éloquente qu'elle est sous-entendue. Il nous laisse à la fin de son livre *l'espérance* d'une renaissance morale en Raskolnikoff - condamné après son aveu du meurtre, à sept ans de Sibérie - où Sonia l'a accompagné et où, pour la première fois, ils se sont avoué leur amour et se sont sentis régénérés par leur affection mutuelle car « le cœur de chacun d'eux contenait une source intarissable de vie pour le cœur de l'autre ».

Mais, par scrupule de psychologue consciencieux, Dostoïewsky n'insiste pas sur cette renaissance morale très probable pour la prostituée par misère, mais improbable chez l'homicide par obsession pathologique. Et c'est pour cela qu'il termine son roman de façon à demeurer fidèle à l'inexorable vérité sans glacer l'émotion du lecteur, sans choquer le romantisme assoupi dans ses veines, par le rêve fantaisiste et riant de deux êtres renouvelés et réhabilités par une affection réciproque.

« Dans l'ivresse des premières heures » (après qu'ils se sont dit leur amour) « leurs sept années d'exil leur apparaissaient comme sept jours à peine. Raskolnikoff ne se rendait pas compte des longs et pénibles efforts qu'il devrait faire pour reconquérir une nouvelle existence ». « Ici commence une autre histoire, l'histoire de la renaissance d'un homme, de sa réhabilitation progressive, de son passage lent d'un mode d'existence à un autre. Cette histoire *pourrait* former le sujet d'un nouveau livre : celle que nous avons voulu offrir au lecteur est terminée. »

Un jeune adepte de la psychologie criminelle a résumé et mis en lumière, dans les lignes suivantes, le contenu anthropologique du plus parfait chef-d'œuvre de Dostoïewsky :

« Raskolnikoff, l'étudiant très pauvre, avait entendu une fois et s'était approprié ce raisonnement :

- Vois donc, disait un jeune homme à un officier, dans un café de Saint-Pétersbourg : d'un côté une vieille malade, ignorante, stupide, méchante, non seulement inutile mais nuisible à la société, n'ayant pas de raison d'être et destinée à mourir bientôt de mort naturelle. Et, d'autre part, des forces jeunes et puissantes éparses par milliers, partout se perdent et périssent faute d'aliments ! Des centaines, des milliers de choses utiles pourraient être créées ou améliorées par la fortune, que cette vieille léguera à une maison religieuse. Des centaines d'existences pourraient être mises sur la bonne voie, des douzaines de familles sauvées de la misère, de la dispersion, de la ruine, du vice, de l'hôpital, par l'argent de cette vieille femelle ! Eh ! qu'on la tue et qu'on fasse servir sa fortune au mieux être de l'humanité ! Crois-tu que le crime, si c'en est un, ne serait pas largement compensé par des milliers de bonnes actions ? Au prix d'une seule vie, des milliers de vies sauvées, et par la suppression d'une seule personne, des centaines de gens rendus à l'existence. C'est un calcul bien simple à faire. Que peut peser dans la balance sociale la vie d'une vieille cacochyme, ignorante et mauvaise ? Autant que la vie d'un pou ou celle d'un cafard...

- Sans doute, elle est indigne de vivre, reprend l'officier, mais quoi... la nature...

- Eh, la nature, on la corrige, mon cher, on la redresse. Les préjugés nous écraseraient sans cela et nous n'aurions pas un seul grand homme. On parle de devoir, de conscience : je n'ai rien à dire là contre. Mais comment interprétons-nous ces mots ? Écoute, je vais te poser une autre question.

- Non, c'est à mon tour à t'interroger. Laisse-moi te demander une chose.

- Laquelle ?

- Eh bien, tu fais là de la rhétorique ; mais, dis-moi, tuerais-tu cette vieille femme, toi, oui ou non ?

- Ah, mais ! non, naturellement. Je me place simplement au point de vue de la justice... Il ne s'agit pas de moi...

- Eh bien, à mon avis puisque tu ne saurais te charger toi-même de cet acte de justice, c'est qu'il ne serait pas réellement juste. Faisons une autre partie. »

Et l'idée en reste là chez des individus sains et normaux : mais elle s'implante dans le cerveau malade de Raskolnikoff.

La logique formelle, c'est-à-dire propre à servir d'exercice de rhétorique et séparée du sens moral et du sentiment humain s'arrête quand elle rencontre chez les individus bien organisés ces deux forces résistantes. Elle demeure chez eux à l'état de théorie : elle ne peut devenir réalisable que grâce à l'absence de ces freins cérébraux.

154

Le cerveau de Raskolnikoff commence à être envahi par l'obsession de l'idée criminelle. Il se croit prédestiné à de grandes choses (voilà bien le dégénéré prétentieux) ; il se dit que si Napoléon Ier avait reculé devant le meurtre d'un homme ou de plusieurs milliers d'hommes, il n'aurait pas pu accomplir son destin. Pourquoi reculerait-il, lui, devant le meurtre d'une vieille femme ?

Et le voilà qui songe aux moyens *d'exécution. Il* s'en va d'abord trouver l'usurière pour faire une répétition générale de son entreprise, pour examiner la maison et saisir le plan de l'appartement. Il tâche de deviner la place occupée par la commode pendant que la vieille femme entre seule dans sa chambre, et quelle clef elle a choisie parmi toutes celles du trousseau pendu à sa ceinture. Le lendemain il prépare une hachette, la fixe, par un nœud coulant, sous son paletot et enveloppe dans un morceau de papier un petit bout de bois pour faire croire à sa victime qu'il veut lui demander quelques roubles sur un porte-cigare en argent.

Une après-midi, à 7 heures, il se met en route pour la maison d'Aléina Ivanovna. Il entre, montre son petit paquet, et pendant qu'elle le déroule, la tête tournée vers la fenêtre, il lui fend le crâne d'un coup de hache.

Pendant qu'il est occupé à fouiller, une sœur de la morte arrive ; la porte, par un oubli fatal, - c'est-à-dire grâce à l'habituelle imprévoyance des criminels, - était restée ouverte. Raskolnikoff est contraint de tuer la sœur d'Aléina pour n'être pas dénoncé.

Mais, dans son trouble (il n'a pas le sang-froid d'un criminel-né) il vole très peu de choses : quelques bijoux et une petite bourse. Il ne saura pas même tirer parti de ces objets. Il s'enfuit, en entendant monter des amis de la vieille femme. Il se dirige d'abord vers la Néva, puis il se décide à cacher le produit de son vol dans une cour, sous une grosse pierre... [33].

---

[33] A ce sujet, il est curieux de voir comme Dostoïewsky, à son insu, sans doute, répète exactement les mêmes observations qu'Alexandre Manzoni quand il nous montre Renzo, échappé aux mains des sbires hésitant à demander sa route et faisant une rapide revue psychologique des diverses personnes qu'il rencontre et auxquelles il n'ose pas s'adresser. Celui-ci n'a pas l'air de vouloir l'écouter, celui-là est un homme d'affaires, pressé et bourru ;

Dès ce moment se déroule terrible, déchirante, la lutte intérieure dans l'âme du meurtrier. Raskolnikoff n'a pas l'indifférence apathique d'un criminel-né et, dégénéré supérieur, il n'a pas non plus assez d'énergie cérébrale pour garder son secret. Il est trop faible, trop impulsif pour cela. Le génie de l'artiste et de l'écrivain atteint dans les pages de cette description des hauteurs shakespeariennes.

Après l'inutilité du crime, les angoisses écrasantes, l'effort fiévreux, continuel, pour ne pas se trahir. Et, dès le lendemain du jour fatal, Raskolnikoff appelé au bureau de police pour payer son loyer à sa propriétaire s'évanouit au récit du meurtre commis par lui et éveille les premiers, vagues soupçons d'un fonctionnaire.

Par un phénomène étrange et fréquemment observé chez les criminels, il retourne, comme un somnambule, sur le théâtre du crime : il va de nouveau sonner à la porte, revoir l'endroit où il a frappé ; il demande des nouvelles aux voisins et se complaît à l'âpre volupté de faire des allusions au délit et à son probable auteur.

Puis le duel atroce, chef-d'œuvre d'analyse psychologique, entre la répugnance du jeune homme intelligent, quoique déséquilibré, à avouer son crime, et la sagacité, la finesse implacable du juge

---

cet autre est un hôtelier, debout à la porte de son auberge, évidemment plus disposé à demander des nouvelles qu'à en donner, etc. Cette miniature psychologique est une des perles les plus brillantes des *Fiancés*.

De même aussi Raskolnikoff, s'enfuyant après son crime, se dirige vers un canal pour y jeter les bijoux volés à sa victime. « Quelque obstacle s'opposait toujours à son intention : d'abord le bateau d'une blanchisseuse, plus loin des canots arrimés à la berge. D'autre part, la rue pleine de passants qui n'auraient pas manqué de noter une action aussi insolite : un homme ne pouvait descendre de la berge, s'arrêter au bord de l'eau et y jeter quelque chose sans éveiller des soupçons. Et si, ce qui était possible, les écrins flottaient, au lieu de disparaître sous l'eau ? Tout le monde les verrait ». Raskolnikoff se croyait déjà l'objet de l'attention générale : il s'imaginait que tout le monde s'occupait de lui.

« Et pourquoi, se demandait Raskolnikoff, suis-je ici depuis une demi-heure, errant dans un lieu qui n'est pas sûr pour moi ? Pourquoi ne me suis-je pas fait plus tôt ces objections ?

« Il se dirigea alors vers la Néva, mais chemin faisant, une nouvelle objection se présenta à son esprit : Pourquoi aller vers la Néva ? Pourquoi jeter à l'eau ces objets ? » (2e partie, ch. 2).

Et voilà l'aboulie, la paralysie de la volonté, que nous avons vue chez Hamlet, ce trait caractéristique du fou lucide : le Renzo des *Fiancés* est un paysan auquel la neurasthénie du dégénéré supérieur est inconnue : aussi n'est-il pas arrêté, lui, par l'analyse psychologique des divers passants qu'il croise et il continue sa route d'un pas décidé et rapide, en homme sain et normal, qui sent que sa liberté est en jeu.

d'instruction qui soupçonne Raskolnikoff et ne sachant où trouver des preuves, n'ose pas lâcher une accusation formelle de peur de provoquer une dénégation absolue. De sorte que le malheureux Raskolnikoff est englué, amadoué, effrayé par des allusions terribles : c'est une souris aux griffes d'un chat qui s'en amuse avant de lui donner le coup de grâce...

Enfin il révèle son secret à Sonia, l'enfant sublime qui s'est vendue pour nourrir ses frères et sa famille... Et Sonia, ouvre une Bible et lui dit : Avoue ! [34].

M. Melchior de Vogüé, l'habile et heureux propagateur du roman russe auprès des Occidentaux dit très justement a propos de Dostoïewsky et à la suite d'une série d'inexactitudes et de banalités de psychologie commune et plus ou moins piétiste :

« Cet homme ouvre des horizons nouveaux sur des âmes différentes des nôtres. Il nous révèle un monde inconnu, des natures plus puissantes pour le mal comme pour le bien, plus fortes pour vouloir et pour souffrir [35]. »

Nous savons maintenant pourquoi Dostoïewsky, malgré sa prolixité - pareille à celle de Dickens racontant les moindres détails d'une biographie, celle de David Copperfield, par exemple - est si grand dans le roman psychologique. C'est qu'il reproduit la vérité et la vie. Il ne peint pas des criminels *de* chic d'après les données de la psychologie commune, comme M. Bourget : il nous en montre l'âme « différente de la nôtre ».

Bien plus, chacun de ses portraits de criminels, chaque type spécial est d'une rigoureuse exactitude psychologique. Le mathoïde politique, dans *Les Possédés,* est décrit d'un autre style que les criminels nés ou les rares criminels par passion de la *Maison des Morts.* Raskolnikoff, le meurtrier par obsession, le criminel-fou ou à demi-fou diffère de

---

[34] G. Pozzi, Th. *Dostoïewsky et les étrangleurs d'une vieille femme (*à propos d'un procès jugé par la Cour d'assises de Rome) dans ma : *Scuola positiva nella giurisprudenza penale,* de juin 1894, p. 353.

[35] M. de Vogüé, *Le roman russe,* Paris, 1887.

tous les autres et présente les caractères si péniblement relevés par moi à force de comparaisons et d'études faites sur des milliers de tableaux nosologiques et des centaines d'individus, galériens ou aliénés.

Aussi ce jugement porté sur *Crime et Châtiment* par un magistrat intelligent mais ignorant la psychologie criminelle   et uniquement guidé par son automorphisme, est complètement faux :

« On intitulerait volontiers le livre de Dostoïewsky, dit-il : Traité *de la conception du crime dans un cerveau humain,* tellement l'auteur y démontre clairement qu'une pensée mauvaise, la velléité d'un désir, l'ombre d'un rêve un germe imperceptible peut prendre corps et se transformer peu à peu en un acte monstrueux. *Une imagination qui s'abandonne conçoit des fantômes, et finit par accoucher d'un crime* [36]. »

Non ! mille rêveurs peuvent imaginer mille crimes, y compris le « meurtre du mandarin » ils n'accoucheront d'aucun, par la très simple raison que, malgré l'opinion commune, on ne tue pas, on n'assassine pas et on ne devient pas fou à volonté.

Il faut que le cerveau du rêveur soit affaibli, malade ou déséquilibré pour que le rêve devienne une réalité.

Au café, l'étudiant et l'officier font une dissertation paradoxale sur l'assassinat ; mais, à côté de l'idée abstraite, il n'y a pas chez eux l'impulsion physio-psychologique nécessaire pour la transformer en idée concrète, puis en action musculaire. - Pour que la manifestation matérielle ait lieu, il faut cette absence de freins cérébraux dont souffrent les criminels-nés ou les criminels-fous ; chez ceux-là, la suggestion criminelle suffit à provoquer l'action. Elle ne suffit pas chez les criminels par occasion ou par passion, sans une très grande ou une irrésistible complicité des circonstances extérieures.

Et M. Bérard des Glajeux se trompe aussi quand il dit : Laissez de côté la genèse particulière du procès Raskolnikoff. Tout ce que le

---

[36]   Bérard des Glajeux (président de Cour d'assises), *Les passions criminelles, Paris,* 1893, p. 49.

condamné sibérien a éprouvé, les condamnés des prisons centrales de la France l'ont ressenti : à ce moment de l'instruction du procès où l'étudiant de Saint-Pétersbourg avoue son crime au juge Porphirius, les criminels parisiens avoueraient le leur au juge Athalîn. On tue partout de la même manière, on avoue partout à la même heure ».

Non pas, pour tuer, comme l'a fait Raskolnikoff, il faut être un dégénéré en proie à une obsession criminelle ; pour avouer comme lui, il faut être un dégénéré supérieur, il faut que le sens social ait survécu en partie au naufrage de la volonté et de l'intelligence pratique.

Tropmann et Pranzini, Misdéa ou Jack l'Éventreur ne tuent pas de la même façon et n'avouent pas à la même heure : Macbeth, Hamlet et Othello ont chacun leur façon de tuer et d'avouer.

Cette vérité a été récemment acquise à la science, mais elle avait été devinée par l'art. Pour la préciser, parmi le brouillard confus des observations communes et des vérités vraisemblables mais superficielles, l'anthropologie criminelle a eu recours au bistouri de l'anatomie psychologique, dans les cachots et les cabanons, et l'art humain à l'intuition des grands génies.

159

Enrico Ferri,
Les criminels dans l'art et la littérature (3ᵉ édition), 1908.

IX.

L'Art et les honnêtes gens.

Nous avons rapidement passé en revue toute une foule sanguinaire et monstrueuse de criminels. Trop souvent l'art a prêté à ces dégénérés les couleurs brillantes de sa palette et excité l'émotion publique en faveur d'êtres dignes de pitié, sans doute, mais moins dignes d'une pitié sympathique qu'une autre foule de malheureux restés honnêtes malgré les spasmes et la dégénérescence de la misère, de la faim aiguë et de la faim chronique. Ils demeurent fidèles ceux-là, au milieu des pires tourments de l'âme, au sentiment humain et social grâce auquel la violence répugne et - tout au plus - leur dernière révolte désespérée, leur suprême protestation est le suicide.

L'art n'a que trop glorifié les criminels : il faut qu'il tourne dorénavant sa lumière radieuse vers la multitude des malheureux.

Et déjà on peut voir poindre l'aube de cette évolution [37].

Nous n'avons vu que trop de criminels, violents et horribles de misère morale et de misère physique ou bien d'une perversité savante et lâche et abjecte, au théâtre et dans les romans. Si longtemps la « libre concurrence » et l'égoïsme sans entrailles ont infiltré dans les veines, dans le cœur et la cervelle des hommes le virus de la violence ; on a si longtemps glorifié ou supprimé violemment les violents, selon qu'ils étaient utiles ou non aux intérêts de classe (Napoléon III est devenu empereur -Orsini a été guillotiné), que l'art, né dans ce milieu brutal, devait fatalement projeter ses rayons éblouissants sur la personne du criminel.

Mais une nouvelle conscience collective se forme et le monde commence à s'orienter vers une morale autre que celle de la violence, dont le succès est toujours infécond et brutal chez l'individu et dans la collectivité.

L'âme du monde repousse aujourd'hui les violents et s'apitoie sur les victimes ; et la foule, du chœur anonyme de la tragédie grecque a passé à la dignité de protagoniste dans le drame grandiose de l'histoire civile.

Notre conscience humaine s'intéresse enfin à d'autres hommes et l'art, ce reflet de la vie, suivra fatalement la même impulsion.

Quelques esprits déséquilibrés ou présomptueux ou froids peuvent imaginer de vivre seuls dans la glorification de leur « moi » comme

---

[37] Litzmann, *Zur Entvikelung des modernen Deutschen Romans,* dans la *Deutsche Revue* (juin *1895). - Portal, La jeunesse littéraire et le socialisme,* dans l'Art social (mars 1894). - Bettini, *L'arte proletaria all' esposizione artistica di Milano,* dans la *Critica sociale (16* sept. 94). - Le même, *La pocsia sociale (M.* Hood, G. A. Costanzo, M. Rapisardi, C. Corradino, A. Negri, Argia Castiglioni) dans *la Critica sociale (1895,* nos 2, 3, 10, 11). -Chiappelli, *Socialismo ed arte,* dans *la Nuova Antologia* (1er août 1895). - Destrée, *Art et socialisme.* (Bruxelles, 1896).

Dans une étude très indulgente sur cette conférence *l'Art moderne* (Bruxelles, 1er déc. 1895) me reproche mes critiques des symbolistes, des décadents, etc. : il les trouve en contradiction avec ma sympathie pour tous les courants nouveaux de la pensée ou du sentiment. Je crois, en effet, qu'il y a une grande innovation à faire dans l'art et que même cette innovation se dessine dans le sens indiqué ci-dessus, mais le symbolisme, le décadentisme, etc. n'ont que l'apparence de la nouveauté : leur couleur et leurs tendances ne sont que contorsions élégantes mais stériles.

Max Stirner, dans une aristocratie intellectuelle de décadents ou de super-hommes, comme Nietzsche. La société oppose le sarcasme, c'est-à-dire, après un premier moment de surprise, la réaction du sens humain et social à ces aberrations de dégénérés prétentieux.

La foule, la foule : c'est en elle qu'est la source des inspirations et des tourments, des imprécations et des espérances de l'art ; c'est elle que, déjà, le génie de l'école flamande et celui de notre Paolo Michetti ont peint d'une façon brillante, quoique superficielle.

La foule, pâle, mal nourrie, sale, grossière, pervertie, mais simple, laborieuse, altruiste sans le savoir, et bonne, humaine, dès qu'un rayon de lumière descend dans les antres humides ou dans les cavernes boueuses où des êtres, nos semblables, grouillent amon-celés ; le peuple des villes et celui des campagnes, cette plèbe où, chez l'adulte, toutes les fibres du corps et de l'âme se corrompent, où, chez la femme, s'empoisonne la source de la sainte maternité, où l'enfant ignore les joies de son âge, où tous sont avilis, abandonnés, oubliés, - la légion anonyme condamnée à la croix sanglante d'un labeur d'ilotes.

Ces misérables, ces esclaves ont inspiré *l'Héritier* du peintre Patini, *le Proximus tuus,* de d'Orsi ; les *Réflexions d'un affamé,* de Longoni ; les *Femmes à la charrue,* de Tominetti ; Nos *esclaves,* de Ghidoni ; le *Mineur* de Butti ; les oeuvres de Meunier, telles que *la Moisson* et *le Mineur ; l'Angelus,* de Millet ; les poésies de Rapisardi , celles de Corradino, d'Ada Negri, les *Derniers contes* de De Amicis, les drames de C. Antona-Traversi et ceux de Hauptmann [38].

Et l'art qui, grâce à la *Case de l'oncle Tom,* de Mss Beecher-Stowe et aux *Contes* de Tourguenieff a donné une impulsion décisive à la conscience collective contre l'abomination de l'esclavage légal en Amérique, et en Russie - l'art qui, par les *Souvenirs de la Maison des Morts* de Dostoïewsky, a provoqué l'indignation du monde civilisé contre les infamies de l'esclavage politique - l'art donnera à la société future, prévue par ceux qui étudient, anxieux, l'évolution sociale, la

---

[38]   Dernièrement, M. Max Nordau a mis tout son talent de critique et de penseur au service des mêmes idées sur l'évolution de l'art, dans une conférence faite à Turin (nov. 96) sur : La *fonction sociale de l'art.*

force d'un sentiment collectif pour combattre l'esclavage économique - la source et la base de tous les autres.

Et alors, on s'inspirera des vérités de la science anthropologique et de la psychiatrie pour nous défendre sans haine des criminels, des fous, des dégénérés : mais on n'oubliera plus pour eux la pitié et la justice dues à ceux qui, sans vouloir la faire porter à d'autres, gardent pour eux-mêmes, dans leur lente et séculaire agonie, la terrible condamnation à la douleur.

———————

Fin du livre.